서울대 석학이 알려주는 자녀교육법

영어

서울대 석학이 알려주는
자녀교육법

영어

초판 1쇄 발행 2023년 12월 28일

지은이 이병민

펴낸곳 서울대학교출판문화원
주소 08826 서울 관악구 관악로 1
도서주문 02-889-4424, 02-880-7995
홈페이지 www.snupress.com
페이스북 @snupress1947
인스타그램 @snupress
이메일 snubook@snu.ac.kr
출판등록 제15-3호

ISBN 978-89-521-3397-7 04370
　　　978-89-521-3396-0 (세트)

ⓒ 이병민, 2023

이 책은 저작권법에 의해서 보호를 받는 저작물이므로
무단 전재와 복제를 금합니다.

서울대 석학이 알려주는 자녀교육법

영어

이병민 지음

서울대학교출판문화원

발간사

부모에게 자녀교육은 가장 큰 관심사입니다. 부모는 자녀들이 공부를 잘해서 원하는 직업을 갖고 행복하게 살길 원합니다. 문제는 대부분의 부모가 자녀교육에서는 초보자라는 것입니다. 관련 교육을 받은 적도 없고, 자녀가 많은 경우도 흔치 않기에 시행착오를 통해 배우기도 어렵습니다. 그래서 자신이 공부한 경험에 비추어 보거나, 주변 사람의 조언을 듣거나, 학원 면담을 받아 가면서 아이들을 키웁니다.

다행히도 아이들의 교육과 성장에 대한 연구 결과가 많이 쌓여 있고, 그것을 연구하고 가르치는 교수님들이 계십니다. 이런 전문 지식을 활용하여 젊은 부모들이 자녀들을 잘 키우는 데 도움을 주고자 이 시리즈를 기획했습니다. 부모들이 많은 관심을 가진 여덟 가지 주제를 선정하고 그 분야에서 가장 전문성이 높은 서울대학교 교수님들과 함께 강의 동영상을 제작하고 책을 출간하게 되었습니다.

이 시리즈를 출간하는 과정에서 많은 분들이 도움을 주셨습니다. 교육과 연구로 매우 바쁘신 중에도 시리즈의 기획 취지에 공감하여 작업에 동참해 주신 여덟 분의 교수님께 진심으로 감사드립니다. 부모들과 학생들의 주요 관심사항을 심층 조사해서 독자들께 도움을 줄 만한 내용으로 책을 집필하는 데 큰 도움을 준 NHN에듀의 김상철 부대표님을 비롯한 임직원들께 감사드립니다. 또한 신속한 출간을 위해 열정을 쏟아 주신 출판문화원 곽진희 실장님과 선생님들께도 깊이 감사드립니다.

　이 시리즈에 참여해 주신 이경화 교수님께서 '부모는 자녀들의 감독이 아닌 팬이 되라'고 하신 말씀을 기억합니다. 이번 시리즈가 부모님들이 아이들의 팬이 되어 친밀한 관계를 유지하는 동시에 아이들을 훌륭한 인물로 키우는 데 큰 도움을 줄 것이라 믿습니다.

　　　　　　　　　　　　　서울대학교출판문화원 대표이사/원장
　　　　　　　　　　　　　　　　　　　　　이경묵

머리말

초등학교를 졸업하던 해 겨울, 영어 알파벳을 처음 접했다. 영어의 여정이 시작된 순간이었다. 중고등학교 시절에는 영어가 주요 교과목 중의 하나였으니, 영어를 손에서 놔 본 적이 없던 것 같다. 대학에서 언어학을 전공하면서 접한 대부분의 교재는 영어 원서였다. 지금처럼 번역본이 많지 않던 시절이었다.

군대에 가서도 최전방 철책에서 틈틈이 영어책을 읽었다. 대학을 졸업하고는 미국 유학을 떠났다. 7년의 짧지 않은 시간을 보내면서 영어교육 전공으로 석사와 박사 학위를 받았다. 귀국해서도 당연히 영어와 결별할 수 없었다. 대학에서 영어 관련 학과 교수를 하면서 영어는 항상 곁에 있었다.

관심을 가지고 연구하는 분야가 영어교육, 그중에서도 외국어로서 영어학습과 영어 읽기 발달 분야이다 보니, 일상에서 부딪히는 영어와 관련한 모든 것이 관심 대상이었다. 영어는 배워야 했던 언어이면서 동시에 탐구 대상이었다. 이론과 실천, 개인적 경험과 과학적

탐구의 결합. 이렇게 영어에 대한 질문과 답을 주고받으며 대학에서 30년 가까운 세월을 보냈다.

    몇 년 전 책을 한 권 집필했다.『당신의 영어는 왜 실패하는가?』라는 제목이었다. 당시 영어교육에 대한 관심은 지금과 비교할 수 없을 정도로 뜨거웠다. 영어 광풍이 휘몰아쳤고, 우리나라는 '영어 공화국'으로 불릴 정도로 그 열기가 대단했다. 백가쟁명식으로 다양한 영어교육이 시도되었고 유행했다. 어린 자녀를 해외에 보내기도 했고, 가족이 서로 떨어져 살기도 했다. '기러기 아빠'와 '조기 유학'은 그 단면이었다.

    지금은 영어를 둘러싼 물리적 환경이 많이 변했다. 돌이켜 보면, 격세지감이 느껴질 정도다. 외국어 고등학교는 과거의 위상을 잃었다. 수능에서 영어를 절대평가로 전환한 이후, 중고등학생을 대상으로 한 사교육이나 경쟁도 좀 완화된 듯하다. 대학의 영어 강의 열풍도 많이 줄었다. 인터넷은 물론 유튜브 같은 매체를 통해서 다양한 영어 콘텐츠를 접할 수 있는 세상이 되었다. 인공지능의 발달로 언어를 생성하는 챗GPT가 등장하고, 자동 번역도 다양한 형태로 진화하고 있다.

하지만 영어는 여전히 부담스럽다. 유치원에서 영어교육은 더 보편화된 듯하다. 초등학교와 중고등학교 영어교육은 크게 달라진 것이 없고, 학생들은 내신 때문에 영어를 손에서 놓지 못한다. 수능에서 영어가 절대평가로 전환되었지만 소홀히 할 수 없다. 배우는 것이 쉽지 않고, 배운다고 해도 빨리 느는 것 같지 않다. 학교나 학원에서 아이들은 여전히 영어와 씨름한다. 단어를 외우고 문법을 공부하며, 수수께끼 같은 난해한 독해 문제와 문법 문제를 풀어야 한다.

조기 영어교육을 하면 정말 도움이 되는지, 문법을 열심히 공부하면 영어가 되는지, 영어를 제대로 잘하려면 몇 시간이나 공부해야 하는지, 많이 읽어야 한다는데 무엇을 어떻게 읽어야 하는지, 단어는 얼마나 알아야 하는지, 이제 막 영어학습의 여정을 떠나는 아이에게 부모로서 무엇을 해줘야 하는지. 영어학습의 선택지는 너무도 많고 성공한 사례도 주변에 흔한데, 우리 아이를 위해서는 어떤 선택을 하고 어떤 기회를 주는 것이 바람직한지 여전히 고민스럽다.

이 책은 이런 학부모들에게 영어교육의 길잡이가 되었으면 한다. 사전 조사를 통해 영어교육에 대해 학부모들이 궁금해할 만한 열일곱 개 질문을 선정하고, 그 질문을 토대로 이야기를 풀어 나갔다. 학교 영어교육과 관련된 주제도 있고, 일상의 영어와 관련된 주제도 있다. 그 질문 하나하나를 따라가면서 영어교육에 대한 나름의 답을 찾아보았으면 한다. 물론 영어의 여정에 하나의 길만 있는 것은 아니니 원칙이나 조언 정도로 읽으면 좋겠다.

유사한 주제로 열일곱 번의 강의를 진행하고, 이를 바탕으로 책을 만들었다. 전문적인 용어나 어려운 개념은 가급적 배제하고 쉽게 쓰려고 노력했다. 독자 여러분이 어떻게 받아들일지 궁금하다. 아무쪼록 편안하고 즐거운 책 읽기가 되었으면 하는 바람이다. 보르헤스의 말처럼 의무적인 읽기는 없다. 즐기면서 한 자 한 자 저자와 대화하는 마음으로 읽으면 좋겠다.

2023년 11월
50년 동안 영어와 씨름한
어느 교수가

차례

발간사   4
머리말   6

1장 조기 영어교육은 효과적인가?

조기 영어교육에 대한 믿음   15
아이들은 모국어를 어떻게 배울까?   16
영어와 같은 외국어는 어떻게 배울까?   18
조기 영어교육에 대한 오해와 진실   23

2장 우리 아이 영어교육, 언제 어떻게 시작할까?

영어학습과 나이   26
학부모들은 왜 조기 영어교육을 선택할까?   32
영어, 언제 어떻게 시작할까?   33

3장 영어공부, 얼마나 필요한가?

모국어 습득과 외국어 습득   36
영어에 노출되는 시간   38
1만 1,680시간, 콜럼버스의 달걀인가?   41
1만 시간 법칙의 비밀   43
배움이란   45

4장 영어 파닉스교육의 의미는 뭘까?

파닉스와 프로테스탄트	50
파닉스를 몇 개월 만에 끝낸다고?	54
잘못된 파닉스교육의 부작용	55

5장 영어 단어, 얼마나 알아야 할까?

일상 대화에 사용하는 어휘	58
교과서, 수능, EBS 교재에 등장하는 영어 단어 수	62
학교 교육과정의 어휘 선정 기준	65
글에 등장하는 단어의 몇 퍼센트를 알아야 글을 이해할 수 있을까?	67
영어 단어를 공부하는 방식	69

6장 영어 문법은 아는데 왜 말이 안될까?

선언적 지식과 절차적 지식	73
두 가지 차원의 지식과 영어교육	77
선언적 지식과 절차적 지식은 습득하는 방식이 다르다	82
오류를 용납하지 않는 영어교육	86
진정한 영어 능력을 평가하는 방법	88

7장 영어를 잘한다는 건 무슨 의미일까?

영어를 잘한다는 것	91
영어로 읽기와 영어로 말하기	93
원고를 외워서 읽는 것은 진짜 영어로 말하는 것이 아니다	96
영어를 잘한다, 문법적으로 정확하다?	99
콩글리시도 영어다	102

8장 영어 원서, 어떻게 읽을까?

영어 읽기, 교과서만으로 충분할까? 107
어떤 영어책을 읽을 것인가? 110
원서는 어떻게 고를까? 112

9장 말하기와 읽기는 같은 능력일까?

말하기와 읽기의 차이 114
말하는 능력 117
읽는 능력 119
영어교육에서는 말과 글을 구별할까? 123
읽기의 특징 125
영어 읽기, 단어 인지와 언어 이해의 곱 126

10장 공교육 영어와 사교육 영어의 차이는 뭘까?

공교육과 사교육의 차이 130
기대-가치 이론 132
평가를 위한 학교와 배움을 위한 학원 134
학교와 학원의 생태계 138
진도를 나가는 데 급급한 학교 141
학교와 학원의 공생 143

11장 영어, 정독인가 다독인가?

정독과 다독 146
아이들에게 다독이 필요한 이유 148
능숙도 150
스카보로의 읽기 로프 154
영어 읽기에 필요한 지식 157

다독을 통한 영어 읽기 훈련	159

12장 듣기, 읽기, 말하기, 쓰기 중 무엇을 먼저 해야 할까?

영어 능력: 듣기, 읽기, 말하기, 쓰기	163
어린 자녀에게 추천하는 방법	165
이해 능력	167
영어에의 노출, 얼마든지 가능하다	168
외국어는 표현해야 할 경우보다 이해해야 할 경우가 많다	171
달라진 세상에서 어떤 능력이 더 필요할까?	173

13장 영어 문법 공부는 필요한가?

정확성과 능숙도	175
『해리포터』를 읽는데 'goed'	178
문법을 통한 정확성 추구	183
영어 문법의 한자 용어들	186
연역적 접근과 귀납적 접근	187
Try to와 Try -ing	189
영어 문법, 느낌으로 알아야	192

14장 중학교 영어, 무엇이 달라질까?

초등학교와 중학교 영어교육의 차이	195
한국식 영문법 'K 문법'	198
Even if, even though, although	201
문법에 순서가 있다?	202
어느 중학교의 시험 문제	206
중학교 영어에 대한 학생들의 반응	208

15장 중고등학교에서 영어를 잘한다는 건 무슨 의미일까?

중고등학생이 영어를 잘한다는 것	211
영어를 배우는 데 무엇이 결정적일까?	214
학교 영어교육의 특징	216
좁혀 읽기	219
학교 영어를 잘하는 학생	221

16장 내신과 수능은 같은 영어 능력을 평가할까?

내신과 수능	225
원어민도 이해하기 힘든 영어 내신 시험	228
수능의 특징	231
수능 빈칸 채우기 문항	233
수능에 대비하려면	236

17장 왜 영어를 오랫동안 공부해도 못하는 것일까?

우리의 영어 환경	239
우리의 학교 밖 영어 환경	242
역사적 산물로서 우리의 영어 환경	244
왜 우리는 영어를 못할까?	249

영어, 무엇이든 물어보세요	251
참고문헌	261

1장
조기 영어교육은 효과적인가?

조기 영어교육이 과연 효과적인지 질문을 던지면 열에 아홉은 매우 효과적이라고 답을 한다. 하지만 우리나라에서 조기 영어교육의 효과는 과장된 면이 있다. 1장에서는 사람들이 흔히 갖는 조기 교육에 대한 믿음을 살펴보며, 그 오해와 진실을 이야기하려 한다.

조기 영어교육에 대한 믿음

1990년대 후반에 초등학교에서 영어교육을 시작하게 된 데는 조기 영어교육이 효과적이라는 생각이 중요하게 작용했다. 많은 학부모들이 영유아 자녀의 조기 영어교육을 선택하게 된 데에도 이런 생각이 영향을 미쳤다. 일반인이나 전문가들이 조기 영어교육의 효과를 믿게 된 데에는 몇 가지 배경이 있다. 먼저 사람들은 어린아이들이 대단히 쉽고 빠르게 모국어를 습득하는 것을 주변에서 직접 보고 경험한다. 아이들이 때가 되면 자연스럽게 모국어를 습득하는 이런 일상의 경험과 더불어, 말을 배우는 데에는 '결정적 시기'가 있다는 이론도 한몫을 했다. 이를 '결정적 시기 가설 Critical Period Hypothesis'이라고 하는데, 모국어는 물론 추가적으로 다른 언어를 습득할 때 결정적 시기가 있다는 주장이다. 여기서 '결정적'이라는 말은 영어로 'critical'로 표현되는데, 이 표현은 '근본적인essential' 또는 '중요한crucial'이라는 의미를 갖고 있다. 풀어 보면, 말을 배우는 데 매우 중요하고 근본적인 어떤 시기가 있다는 것이다.

아이들은 모국어를 어떻게 배울까?

조기 영어교육에 대해 이야기하기 전에, 어린아이들이 어떻게 모국어를 습득하는지 잠깐 살펴볼 필요가 있다. 어린아이들은 세상에 태어나면서 말을 배우기 시작해, 성장하는 과정에서 누가 가르쳐 주지 않아도(이건 대단히 중요한 부분이다!) 가족이나 또래와 어울리며 자연스럽게 모국어를 습득한다.

'누군가 가르쳐 줬기 때문에 아이들이 모국어를 배우는 것이 아니냐', '아이들은 대개 주변의 말을 모방하는 것이 아니냐'는 의견도 있다. 하지만 아이들은 모국어를 배울 때, 그저 일방적으로 모방하고 따라 하기만 하는 것은 아니다. 아이들은 사람들과 상호 작용하며 스스로 언어 시스템을 구축해 나간다. 일방적으로 모방만 한다면, 시간이 흘러도 언어는 변하지 않아야 한다. 하지만 언어는 항상 변화하고, 세대마다 새로운 표현이 만들어지고, 새로운 방식으로 표현되기도 한다. '개 싱겁다'나 '쩐다'와 같은 표현이 유행하고, '물건이 잘 나오셨습니다'처럼 전에 없던 높임 표현을 하는 것도 마찬가지다.

아이는 주변에서 들려오는 언어를 배울 수 있는 '타고난 능력'을 가지고 태어나는데, 이를 영어로는 '타고난 지식innate knowledge'이라고 표현한다. 말을 하는 능력은 서서 걸을 수 있는 능력과 같은 차원의 것이다. 아이들은 대개 한 살이 좀 지나면 서서 걷기 시작하는 것처럼, 부모가 가르쳐 주지 않아도 전 세계 대부분의 아이들은 일상생활에서 사람들과 교류하고 소통하며 모국어를 자연스럽게 습득한다.

청각 장애가 있는 아이들은 음성 언어를 습득하지 못하지만, 어린 시절 수어手語에 노출되면 수어를 모국어처럼 배운다. 학문적으로 수어는 음성 언어와 유사한 언어다. 수어도 음성 언어만큼 복잡하고, 자연스럽게 구사하는 사람과 그렇지 못한 사람이 있다. 수어를 배울 때도 특정한 시기가 지난 이후에 학습을 시작하면 자연스럽게 표현하지 못한다.

영어와 같은 외국어는 어떻게 배울까?

모국어 습득과 제2, 제3, 제4의 새로운 언어를 배우는 것에는 어떤 차이가 있으며, 외국어 학습에도 결정적 시기가 있을까. 우리는 40대 초반의 부모와 6-7세의 자녀가 이민을 가는 사례를 주변에서 흔치 않게 볼 수 있다. 이 경우 부모와 자녀의 영어를 비교해 보면, 시간이 지나도 부모는 계속해서 한국식 영어를 구사하는 반면 아이들은 거의 원어민처럼 영어를 구사한다. 아마도 우리 학부모들이라면 "어릴 때 영어를 배우니 빨리 배우고 원어민처럼 말하는 거다. 그러니 우리 아이도 어릴 때부터 영어교육을 시키면 원어민처럼 될 수 있지 않을까?"라고 할 것이다.

미국에서는 이민자들의 영어 습득과 관련한 연구가 많이 진행되었다. 미국과 같은 이민 국가에서는 이민자들이 사회에 적응하고, 그 나라 언어를 유창하게 구사하는 것이 매우 중요하기 때문이다. 미국에는 다양한 영어를 쓰는 이민자가 많고, 이민을 왔을 때의 나이도 저마다 다르다. 이렇다 보니 이민자들이 원어민에 어느 정도 가까운 영어를 구사하는지 살펴보게 된 것이다. 물론 순수하게 학문적인 관심도 있었을 것이다.

이런 분야를 '제2언어 습득' 연구라고 하는데, 사람들이 모국어 외에 다른 언어를 어떻게 습득하는지를 연구한다. 대표적으로 이민자들이 영어를 얼마나 완벽하게 구사하는지, 이 사람들이 영어 원어민이 될 수 있을지, 나이에 따라서 영어 능력이 달라지는지를 탐구한다. 미국 이민자들의 영어 능력을 연구한 수백 편의 학술 논문이 일관되게 보여 주는 사실은 다음과 같다.

제2언어 습득에는 나이에 따른 능력의 차이가 뚜렷하게 나타난다. 나이와 영어 능력을 그래프로 나타내 보면, 나이가 들어감에 따라 영어 능력도 완만하게 떨어지는 양상을 보인다. 물론 여기서 말하는 '나이'는 영어를 처음 배운 나이가 아니라, 미국에 '도착한 나이$_{age\ of\ arrival}$'를 말한다. 미국에 이민 온 나이 0세, 1세, 10세, 30세, 50세, 60세를 놓고 보면 나이가 들어감에 따라 영어 능력은 완만한 하향세를 보인다.

흔히 얘기하는 결정적 시기 가설에서 주장하는 바는 나이에 따라 언어 습득 능력이 완만하게 떨어지는 것이 아니라, 어느 특정 시기를 기준으로 급격하게 떨어진다는 것이다. 다시 말해 언어 습득에 결정적인 영향을 미치는 시기가 있고, 그 시기를 전후로 영어학습 능력이 급격하게 달라진다는 것이다. 하지만 최근 연구에 따르면 나이에 따라 언어 능력이 완만하게 떨어지며, 만약 언어 능력에 어떤 결정적 변화가 있다면 발음과 같은 특정 영역에서 나타날 뿐이고 어휘나 문법 같은 부분은 그렇지 않다고 한다.

하지만 여기서 간과하지 말아야 할 것이 있다. 이런 연구들은 한국에서 영어교육을 받은 우리나라 사람이 아니라 미국의 다양한 이민자 집단을 대상으로 한 연구라는 점이다. 이민자를 대상으로 미국에 이민 온 나이에 따라 영어 능력이 어떤 차이를 보이는지를 연구한 결과이므로 영어 환경이 완전히 다른 우리나라에서는 어떤 결과가 나올지 알 수 없다. 하지만 미국에서 진행된 연구 결과는 이러한 사실이 알려지지 않은 채로 우리나라에 유입되었고 많은 영향을 미쳤다.

미국에 이민을 가서 영어를 배우는 것과 한국에 살면서 영어를 배우는 것에는 분명한 차이가 있다. 방송인 타일러나 다니엘도 우리나라에 살면서 한국어를 배운 사람들이지 미국이나 독일에서 한국어를 배워서 유창하게 된 경우는 아니다. 우리나라에서는 특정 영역을 제외하면 일상에서 영어에 노출될 기회가 많지 않다. 영어 사용 환경 측면에서 우리나라는 조금 극단적인 경우에 해당한다. 따라서 우리나라에서 영어를 배워도 원어민처럼 될 수 있다든지, 영어를 처음 접한 나이에 따라 영어 능력에 차이가 난다든지 하는 사실은 증명된 바 없다.

오히려 이런 연구는 있다. 5-6세 어린이, 15세 정도의 청소년, 20세 이상의 성인, 세 집단을 대상으로 단기간 동안 외국어 교육을 했을 때, 어느 집단이 가장 효율적으로 배울까? 일반적으로는 어린 아이들이 다른 두 집단에 비해 잘 배운다고 생각하지만, 많은 연구는 일관되게 20세 이상의 성인 집단이 가장 잘 배운다고 보고한다.

몇 년 전 우리나라 육아정책연구소라는 정부 기관에서도 비슷한 연구를 진행했다. 연구소는 유치원, 초등 3학년, 대학생 세 집단에게 한 달간 중국어 교육을 시켰을 때 어느 집단이 중국어를 가장 빨리, 잘 배우는지 보았다. 이 연구에서도 대학생 집단이 가장 잘 배우는 것으로 나타났다.

종합하면, 우리나라에는 조기 영어교육과 관련된 약간의 편견 혹은 미신이 분명히 존재한다. 사람들은 흔히 영어와 같은 외국어를 더 잘 배우는 결정적 시기가 있다거나, 어린아이들이 성인이나 청소년보다 외국어를 더 잘 배운다고 생각한다. 하지만 우리처럼 일상에서의 영어 등 외국어 사용이 극히 제한적인 환경에서는 영어와 같은 외국어를 배우는 데 나이는 중요한 결정 요인이 되지 못한다. 오히려 다른 요인들이 더 중요하고 더 많은 영향을 끼칠 수 있다.

미국 이민자들을 대상으로 한 연구처럼 우리 영어 환경에서도 나이의 효과가 뚜렷하게 나타난다든지 특정 시기가 영어학습에 엄청난 영향을 미친다든지 하는 주장은 근거가 부족하다. 우리나라에서는 언제든지 영어를 효과적으로 배울 수 있다. 『당신의 영어는 왜 실패하는가?』라는 책에 실린 다음 페이지의 그래프가 이를 잘 보여 준다.

미국의 이민자는 나이가 들어감에 따라 영어 능력이 하향하는 곡선을 보여 준다면, 우리나라 사람은 나이와 상관없이 일정한 수준의 영어 능력을 보인다. 다만 그 수준은 원어민과는 현격한 차이가 있다. 우리나라와 같은 환경에서는 일찍 시작함으로써 어느 정도 수준의 영어 능력을 보여 줄 수 있지만, 늦게 시작해도 그 정도는 할 수

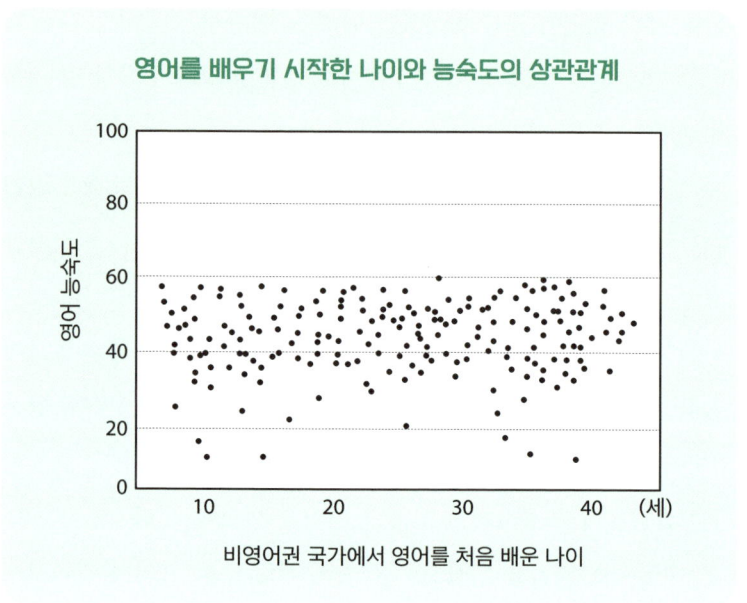

있다. 우리나라에서 영어를 배운다면 원어민처럼 영어를 자유자재로 할 가능성은 거의 없다. 아이들이 0세에 영어를 시작한다고 해도 그 아이가 원어민처럼 될 가능성은 희박하다. 우리나라에서는 영어를 배워서 잘하는 사람과 못하는 사람 사이에 수준 차이가 날 수는 있지만, 그 정도는 영어를 배우기 시작한 나이와 상관없이 누구나 도달 가능한 수준이다.

영어는 60세가 되어도 배울 수 있다. 이전에 우리나라에 영어 붐이 일어서 영어와 관련된 많은 다큐멘터리 프로그램이 방영됐던 적이 있다. 그중 한 다큐멘터리에는 은퇴한 이후에 영어를 시작한 사람이 등장했다. 그분은 60세가 넘어서 영어를 시작했지만, 많은 시간을 투자해 열심히 공부했다. 영어 회화 카세트테이프를 테이프가 닳아서 헐거워질 때까지 수없이 반복해서 들으며 공부했고 결국 영어를 잘하게 되었다.

조기 영어교육에 대한 오해와 진실

영어교육을 일찍 시작한다는 것은 어떤 면에서는 장기적으로 공부한 시간이 더 많이 누적되므로 더 많이 배울 수 있다는 의미가 된다. 시간이 흘러 많은 학습량이 쌓이면 영어를 익히는 데 좀 더 여유로울 수 있다. 하지만 여전히 우리 아이들이 자연스럽게 영어를 익힐 수 있는 환경은 많지 않고, 그런 학습 조건을 조성하는 것도 쉽지 않다.

영어와 같은 외국어를 의식적으로 배우는 상황에서는 어린아이의 특성에 맞는 학습 조건이 만들어지지 않는다. 4-7세의 아이들이 언어를 의식적으로 배우는 학습에 뛰어난 능력을 발휘할 가능성은 거의 없다. 오히려 아이들은 놀면서 언어에 자연스럽게 노출되어야 한다. 그 과정에서 자연스럽게 언어를 배우는 것이 아이들의 특징이다. 아이들은 외국어도 일상에서 의식하지 않고 놀면서 소통하는 과정을 통해 받아들일 수 있다.

한때 조기 영어교육의 실태를 파악하기 위해서 서울 시내 몇몇 유치원을 둘러본 적이 있다. 어느 유치원에서는, 한국인 영어 강사가 노래를 가르쳐 주고 아이들이 신나게 노래를 따라 부르고 있었다. 그 모습을 보다가 문득 '아이들은 무슨 뜻인지 알고 노래를 따라 부르는 것일까?' 하는 생각이 들었다. 학부모들은 '우리 아이가 영어 노래를 유창하게 부르네'라고 생각할지 모르지만 아이들이 그저 노래를 따라 부르는 것인지, 영어라는 말을 하는 것인지는 알 수 없었다. 영어 노래를 뜻도 모르면서 따라 부르게 한다면 그런 방식으로 아이들이 외국어를 배울 가능성은 거의 없다.

그러면 조기 영어교육은 전부 무의미할까. 그건 아니다. 아이들은 이런저런 표현을 배울 수 있을 테고, 더불어 조기에 영어에 노출되어 영어라는 소리에 민감하게 반응하고 또 익숙해질 수도 있다. 아이들은 분명 언어의 소리에 조금 더 민감하다. 어린아이들이 소리를 구별하는 데 조금 더 특화되어 있다는 의미다. 하지만 영어 발음과 소리에 민감한 나이가 과연 몇 살인지 특정할 수 없으며, 분명한 것은 우리의 생각만큼 그렇게 이른 나이는 아니라는 점이다.

결론은 이렇다. 우리나라와 같은 환경에서 영어는 언제든지 배울 수 있다. 지금 이 책을 읽고 계신 독자들도 영어에 관심을 가지고 있다면 지금부터 배우면 된다. 물론 원어민처럼 잘하지는 못하겠지만, 해외여행을 가서 소통할 수 있을 정도는 충분히 배울 수 있다. 우리나라에서는 아이들이 영어공부를 일찍 시작한다고 해서 원어민처럼 뛰어난 능력을 보이지 않을 가능성이 훨씬 높다. 조기 영어교육이 이루어지는 맥락, 상황, 조건, 영어에 노출되는 시간, 아이의 성격 및 특성 등 다양한 요인이 그 효과에 영향을 미친다는 점을 염두에 둘 필요가 있다.

2장 우리 아이 영어교육, 언제 어떻게 시작할까?

학부모들이 자녀의 영어학습을 언제 시작하면 좋을지 묻는 것은 우리 아이가 학교에서 좋은 성적을 받고, 자신감을 갖고 영어를 말했으면 하는 바람 때문일 것이다. 그 바람에 응하는 마음으로, 2장에서는 영어교육의 시기와 방법에 대해 이야기하려 한다.

영어학습과 나이

영어교육은 아이가 영어에 관심을 가지면 언제든 시작해도 좋다. 물론 나이가 사람들이 생각하는 것만큼 중요한 결정 요인은 아니라는 것은 이미 앞에서 충분히 설명했다. 그럼에도 불구하고 아이가 영어에 관심을 가진다면 일찍 영어교육을 시작하는 것도 가능하다. 우리나라에서는 영어를 일상적으로 쓰지 않기 때문에 부모가 아이들을 조금씩 영어에 노출시킴으로써 영어를 배울 기회를 줄 수 있다. 부모가 영어를 직접 말하거나, 미디어를 통해 영어 콘텐츠를 접하게 하거나, 학원이나 유치원 또는 다른 방식을 통해 영어에 노출시킬 수 있다. 아이들이 흥미를 가진다면 어느 시기이건 크게 문제 될 것은 없다. 하지만 강요에 의해서 억지로 하게 되면 영어에 흥미를 잃을 수 있다. 아이는 초등학교, 중학교, 고등학교에 가고 성인이 되어서도 영어를 해야 되는데, 조기에 시작하여 조기에 영어에 대한 흥미를 잃어버리는 것은 결코 바람직하지 않다. 영어에 대한 트라우마를 갖게 되면 일찍 시작하는 것이 오히려 독이 될 수 있다. 영어는 언제든 시작할 수 있지만, 이른 시기에 시작해서 단기간에 끝내겠다는 생각은 하지 않는 것이 좋다.

한국에서 영어를 좀 해보겠다고 하면 평생 한다고 생각해야 한다. 영어는 평생 꾸준하게 하는 것이지, 어느 시기에 하고 그만둔다는 것은 불가능하다. 일찍 시작하면 좋으니 어릴 때 하고 만다고 생각할 수도 있겠지만, 이는 한국의 상황에서 적절하지 않다. 언제 시작하느냐보다 아이들이 흥미를 가지고 얼마나 오랜 기간 영어를 배우고 활용할 기회를 가질 수 있느냐, 그것이 더 중요하다.

아이가 유치원 시절에 영어를 잠깐 배우고 영어에 흥미를 잃는다면 영어 능력은 그 정도에 머물고 만다. 언젠가 조기 영어교육의 효과와 관련해서 두 학생을 조사한 적이 있다. 한 학생은 엄마의 욕망과 기대 때문에 만 4세 때 미국에 가서 영어를 배웠다. 그렇게 2-3년간 미국 유치원 생활을 한 뒤 초등학교 입학과 동시에 한국에

돌아왔다. 초등학교에 입학한 이후에는 영어를 많이 하지 않았고 그 학생은 이제 고등학생이 되었다. 다른 학생은 초등학교 때 처음 영어를 접하고는 관심이 생겨서 열심히 영어를 배웠고 현재 중학교 2학년이 되었다.

두 학생의 영어 능력을 비교하기 위해 각각 10분간 영어 인터뷰를 해봤다. 두 학생 중 고등학생은 미국에서 유치원을 2-3년이나 다녔지만, 이후 영어를 많이 하지 않아 현재는 영어에 서툴렀다. 어릴 때 익힌 영어 발음도 흔적을 찾아 보기 어려웠다. 오히려 우리나라에서 영어를 익힌 중학교 학생이 영어를 더 잘했다.

아이들을 억압적으로 다루면 부작용이 나타나기 쉽다. 1950년대의 중요한 심리학 이론 중 행동주의behaviorism 이론이 있다. 외적 환경만 잘 만들어 주면 아이들은 뭐든지 배울 것이라는 생각이다. 우리나라 일부 학부모들은 여전히 행동주의적 시각에서 아이를 이해하려는 경향이 있다. 조건을 만들어 주고 자극을 주면 그에 따라 아이가 배우고 행동할 것이라고 생각한다. 하지만 아이도 인지 능력과 감정을 가진 인간이다. 아이와 부모가 충분히 소통하며 아이에게 맞는 적절한 선택을 내려야만 성공적인 영어학습이 이루어질 수 있다.

영어학습에 성공한 아이들을 보면, 부모가 현명한 선택을 하고 부모의 선택과 아이의 성향이 조화를 이룬 경우가 많다. 아이의 관심사나 재능을 무시하면서 성과를 낸 경우는 드물다. 성공한 사례는 대부분 부모가 아이를 이해하고 기다려 주면서 필요한 순간에 현명한 판단을 내린 경우다.

한 가지 사례를 보자. 두 형제를 가진 학부모가 있었다. 첫째 아이가 초등학교 2학년이 된 어느 날 아이는 "엄마, 나 영어를 좀 배우고 싶어."라고 말했다. 엄마는 책을 즐겨 읽는 첫째에게 영어책을 읽을 수 있는 기회를 마련해 주었고, 그렇게 첫째는 영어책 읽기로 영어를 배웠다.

엄마는 둘째에게도 첫째와 비슷한 방식으로 영어를 가르치려고 했다. 하지만 둘째는 첫째와 달랐다. 둘째는 우리말로 된 글을 많이 읽지 않았고, 영어책을 읽는 것도 그다지 좋아하지 않았다. 부모는 '첫째와 둘째는 뭔가 좀 다르구나' 싶었다. '첫째 아이는 책을 좋아하니까 영어책을 주고 영어를 익히게 했는데, 둘째는 우리말로 된 책도 즐겨 읽지 않는데 영어책을 읽으라고 하면 과연 아이가 읽을까?'라고 생각했다. 그래서 영어를 조금 늦게 시작하더라도 둘째에게는 한글로 된 책을 즐겨 읽는 습관을 들이는 것이 먼저라고 생각했다. 영어는 그다음에 배우는 것이 좋겠다고 판단했다.

학부모는 이런 비유를 들었다. 컵 속에 어느 정도 얼음이 있을 때 물을 부으면 컵에 물이 금방 차게 된다. 컵 속의 얼음처럼 아이에게 한글로 된 책을 읽는 능력과 관심이 있다면, 여기에 영어라는 물을 부어 주었을 때 컵이 금방 찰 수 있다는 것이다. 그래서 둘째 아이는 영어를 배우

기 전에 한글로 된 책을 읽는 훈련을 먼저 하게 했다고 한다. 부모의 현명한 선택 덕분일 수도 있고 아이가 가진 능력 때문일 수도 있지만, 이 사례는 부모의 선택과 아이의 능력이 잘 조화를 이룬 경우라 하겠다.

물론 영어교육에 실패한 사례도 많다. 영어교육에 성공한 사례보다 실패한 사례가 우리 주변에 더 많을 것 같다. 엄마가 영어를 한마디도 하지 않으면서 아이에게 영어를 하게 하거나, 부모는 책을 읽지 않으면서 아이에게 영어책을 읽게 강요하는 것은 흔히 보이는 영어교육의 부정적 사례다. 아이는 아무런 생각이 없는 존재가 아니다. 부모는 책을 잘 안 읽는데 아이에게만 책을 읽게 한다든지, 엄마는 TV를 재미있게 보면서 아이에게는 재미없는 책을 보게 한다면 '엄마는 책보다 더 재밌는 TV를 보면서, 왜 나보고 책을 읽으라고 하지?'라는 생각을 아이가 하지 않을까.

부모가 영어에 관심이 없어서 아이에게 영어를 배울 기회를 마련해 주지 못하는 것도 문제일 수 있다. 초등학생을 대상으로 연구를 하면서 부모가 자녀의 영어학습 기회를 차단하는 경우도 많이 보게 된다. 초등학생 자녀에게 적절한 학습의 기회를 주는 것은 부모의 몫이다. 초등학생 아이에게 제공되는 다양한 경험과 교육의 기회는 대개 부모가 결정하기 때문이다.

초등학교 저학년 아이들의 영어 능력을 조사해 보면 영어학습 경험과 영어 능력에서 많은 차이를 보인다. 어떤 아이는 듣는 것을 잘하고, 어떤 아이는 영어 단어를 많이 안다. 들었을 때 단어의 뜻을 아는 아이가 있는가 하면 눈으로 보아야 아는 아이도 있다. 듣고 이해하는 것은 잘 못하는데 읽는 것은 잘하는 아이가 있고, 듣는 것을 잘하는데 읽는 것은 못하는 경우도 있다. 이렇듯 아이들의 영어 능력은 다양하며, 이러한 차이는 초등학교 3-4학년 때부터도 나타난다.

아이들의 영어 능력은 어떤 조건에서 영어를 중점적으로 했는지에 따라 달라진다. 아이들이 영어에 주로 노출된 경로에 따라서도 차이가 난다. 영어 듣기를 좋아하는 아이는 TV 프로그램이나 영화, 동영상 등에 익숙하고, 영어 읽기를 좋아하는 아이는 영어 동화책을 읽는 것을 즐겨 할 것이다.

우리나라 교육과정에서는 초등학교 3학년부터 영어를 가르친다. 영어가 공용어처럼 사용되는 국가가 아니라면 대개 3학년부터 영어 공교육이 시작되는 것이 일반적이다. 영어 공교육 체제는 이렇지만, 아이들을 대상으로 하는 현실의 영어교육은 이미 초등학교 1-2학년에서 유아 단계까지 내려가 있다. 학교에서 초등학교 3학년 때 영어 교육을 시작하는 것이 무색할 지경이다. 학교에서 영어교육을 시작하는 단계부터 아이들의 영어 능력은 이미 격차가 벌어져 있다.

학부모들은 왜 조기 영어교육을 선택할까?

부모들은 아이가 원어민이 되기를 기대하며 조기 영어교육을 시키는 것은 아닌 것 같다. 오히려 조기 영어교육의 효과 또는 결정적 시기에는 크게 집착하지 않을 수도 있다. 다른 아이들도 하고 있고, 아이가 흥미를 보이기도 하고, 일찍 시작하면 좀 더 많이 배울 수 있지 않을까 하는 동기로 선택하는 것으로 보인다. 아이들이 영어 몇 단어라도 더 배울 수 있으면 괜찮다고 생각하는 것 같다.

하지만 부모가 지불하는 비용을 생각하면 아이들이 얻는 효과는 미미하다. 그럼에도 기꺼이 돈을 지불하는 현상이 나타난다. 어떻게 보면 투자 대비 효과를 고려한 것이 아니라, 우리 아이가 다른 아이에 비해 떨어지지 않았으면 좋다는 바람에서 비롯된 것인지 모른다. 아니면 아이가 학교에 입학했을 때 영어교육을 제대로 따라갈 수 없을지 모른다는 막연한 두려움 때문일 수도 있다. 초등학교 3-4학년 학생들의 영어 능력을 보면 학부모들의 이런 생각이 단지 우려만은 아닌 것 같다.

사교육 이슈가 한참 뜨거울 때, 우리나라 사교육 현상을 '영화관 효과'로 표현했던 적이 있다. 우리나라에서는 왜 많은 학부모가 사교육을 선택할까. 이런 상황을 상상해 볼 수 있다. 영화관에서 영화를 관람할 때는 의자에 앉아서 영화를 관람하면 된다. 그런데 맨 앞줄에 앉은 사람들이 서서 영화를 보기 시작한다. 뒤에 있는 사람들은 그

앞사람들 때문에 영화를 제대로 볼 수가 없으니 자연스럽게 따라 일어난다. 그렇게 그 뒷사람들도 일어나고, 결국 영화관의 모든 사람들이 의자가 있음에도 불구하고 서서 영화를 관람하는 상황이 된다.

서로 합의해서 앉아서 영화를 보면 되는데, 수많은 사람들은 서로 합의하기가 힘들고 합의할 수도 없다. 결국 서로가 서로를 의심하고 경쟁 상대로 보게 되며 모두가 사교육을 선택하는 상황이 벌어진다. 어느 집 아이가 조기에 영어교육을 받으니 우리 아이도 뒤떨어지지 않기 위해서 영어교육을 시키게 된다. 아이들이 받는 영어교육은 같지 않고, 비용도 천차만별이며 아이의 특성도 모두 다르지만, 모두가 조기 영어교육을 시작하는 것이다.

영어, 언제 어떻게 시작할까?

정리하면, 이 질문에 몇 가지 기준을 생각해 볼 수 있다. 아이가 흥미를 보이거나, 가볍게 시작해도 크게 부담스러워 하지 않는다면 언제든 시작해도 괜찮다. 만 1세부터 만 6세까지의 유아기는 언어에 자연스럽게 노출되어 언어를 습득하는 시기다. 즉, '자연스럽게' 영어에 노출되어야 한다. 인위적인 학습이나, 아이들의 정서와 인지 발달에 어울리지 않는 영어학습은 바람직하지 않다. 특히 4-5세 아이들은 모국어를 배우며 세상을 알아가는 시기에 있다. 일상에서 잘 쓰이지 않는 외국어를 다른 모든 것에 우선하는 것은 바람직한 선택이 아니다. 하지만 외국어를 자연스럽게 학습할 적절한 조건이 마련된다면 영어교육을 이른 나이에도 시작할 수 있다.

4-5세 아이들은 소리에 민감하므로 영어라는 소리를 들려주는 것으로 교육을 시작하면 좋다. 흥미로운 점은 유아기의 아이들에게는 오디오나 TV에서 나오는 소리를 일방적으로 들려주기보다는 주변 사람과 자연스럽게 소통하는 과정에서 영어에 노출되게 하는 것이 더 효과적이라는 것이다. 예를 들면, 청각 장애가 있는 부모의 자녀들은 언어 습득 초기에 부모를 통해 자연스럽게 음성 언어에 노출되지 못한다. 주로 집에서 TV를 보며 언어를 접하기 때문에 또래들과 비교해서 언어 발달이 정상적이지 않고 느리다는 연구 결과가 있다. 이런 경우 아이들을 또래 집단과 장기간 어울리게 하면 정상적인 언어 발달을 보이게 된다. 그만큼 주변 사람과의 상호작용과 소통이 언어 발달에 중요하다는 것이다.

한 가지 더 고려해야 할 점은 어린아이들은 이 시기에 배운 것을 비교적 빨리 잊어버린다는 것이다. 예를 들어 5세 정도쯤 미국에 이민을 간 아이는 1-2년 정도 지나면 모국어를 거의 잊어버린다. 5세 때 영어를 배운 한국 아이도 초등학교에 들어가 영어를 할 기회가 없다면 입학 전에 익혔던 영어를 쉽게 잊어버린다. 미국에서 유치원을 다녔던 고등학생처럼 말이다. 아이에게 뿌린 영어의 씨앗이 어느 단계에 갔을 때 없어지는 것을 막으려면 시작한 나이보다 지속성과 연속성을 생각하는 것이 더 중요하다.

그렇다면 어떻게 시작할까. 아이들에게 좋은 내용의 영어 동화책을 읽어 주거나 들려주며 시작하는 것도 좋다고 생각한다. 간혹 '아이가 엄마의 엉성한 영어 발음을 배우면 어쩌나' 하는 우려에서 아이에게 영어책 읽어 주기를 꺼리는 부모들이 있다. 하지만 그건 크게 문제가 되지 않는다. 엄마의 발음보다는 아이가 엄마와 영어책을 함께 읽는 경험을 통해서 더 많은 것을 배울 것이다. 같이 동화책을 읽고 영어를 들으며 아이가 영어책을 읽는 힘을 기른다면 이보다 좋은 경우는 없다. 영어로 된 글을 읽고 이해하는 것은 인생에서 두고두고 즐겁고 유용하며 행복한 경험이 될 수 있다.

아이들은 영어로 된 책을 읽거나 들을 때 온전히 영어만으로 내용을 이해하는 것은 아니다. 언어학자들에 따르면 아이는 주변 사람들과의 정서 교감에 민감하게 반응하며, 이런 정서적 소통과 교감을 통해 언어를 간접적으로 이해하고 익힌다. 따라서 엄마나 아빠와 책을 함께 읽는 과정에서 아이는 부모의 감정 표현과 행동, 자극을 민감하게 받아들인다. 결국, 부모와 아이가 영어를 매개로 교감하고 소통하는 것은 일방적으로 영어를 듣고 보는 것보다 훨씬 바람직한 결과를 낳는다.

3장 영어공부, 얼마나 필요한가?

필요한 영어공부량을 가늠하려면 영어공부의 장기적인 목표가 무엇인지 생각해 보아야 한다. 영어공부는 많이 할수록 좋다고 하지만, 영어학습이라는 긴 여정을 떠날 때는 각자가 처한 현실과 목표에 맞는 방법을 선택하는 것이 바람직할 것이다.

모국어 습득과 외국어 습득

세상에 태어나서 아이들이 모국어를 습득하는 데 어느 정도의 기간과 시간이 필요할까? 전 세계 모든 아이들은 성장 단계에 따라 일정한 과정을 거치면서 모국어를 습득한다. 어느 시기에 옹알이를 하고(옹알이도 언어 습득의 필수 과정이다), 한 단어, 두 단어 입을 떼다가 어느 순간 폭발적으로 말을 한다. 아이들은 하루에 몇십 개씩 새로운 단어를 습득하고 그렇게 대략 48개월이 지나면 듣고 말하는 능력(읽고 쓰는 능력이 아니다!)은 거의 막힘이 없는 수준이 된다. 청산유수라고 표현할 수 있을 정도로 능숙하게 모국어를 구사할 수 있다. 혼자서 인형이나 장난감을 붙들고 한두 시간 떠들 수 있는 정도가 된다.

이 정도가 됐을 때 아이들은 그동안 모국어에 어느 정도 노출되었을까? 아이들이 48개월이 될 때까지 하루 중 깨어 있는 8시간(이 시간은 아이들이 하루 중 깨어 있는 시간을 평균으로 잡은 것이다) 동안 부모나 또래, 형제와 대화를 하거나, 아이들이 일방적으로 듣고 말을 한다고 상상해 보자. 하루에 8시간씩 48개월간 모국어를 사용한 아이는 1만 1,680시간 동안 언어에 노출된다. 아이들은 이 긴 시간 동안 주변 사람들과 어울리고, 놀고, 말하고, 듣고, 재롱을 피우면서 모국어를 습득한다.

그렇다면 외국어인 영어의 경우에는 과연 얼마나 많은 시간이 필요할까? 영어라는 말을 잘하게 되려면 아이들이 모국어를 습득하기 위해서 노출된 것만큼의 시간이 필요하지 않을까? 많은 연구에서는 제2언어를 습득할 때 나타나는 언어 발달의 모습이 모국어 습득 과정과 상당히 유사하다고 보고한다. 이런 이론적 논의에 더해 개인적 경험에 기초해서 1990년대 후반에 나는 한국인의 영어 습득에 1만 1,680시간이 필요하다는 가설을 제시했다.

영어에 노출되는 시간

1만 1,680시간을 제시한 배경은 이렇다. 나는 1996년에 갓 대학에 입학한 신입생들을 대상으로 '어떻게 하면 영어를 잘할 수 있나'라는 주제의 특강을 해달라는 요청을 받았다. 당시는 영어 열풍이 불던 시기였고, 학생들도 영어에 관심이 많았다. 하지만 그 관심에 비해 학생들이 영어에 노출되는 시간은 많지 않아 보였다. 한국 사람은 대부분 영어를 일상적으로 접할 기회가 많지 않아 영어공부에 실패한다. 나는 7년 동안 미국에서 유학하면서 TV도 보고, 사람들과 영어로 대화도 하고, 강의도 듣고, 발표도 하고, 영어를 잘해 보려고 잘 때 라디오 토크쇼도 들으며(토크쇼는 음악 프로그램과 달리 방송 시간 내내 대화를 주고받으니 영어에 노출될 기회가 많다) 노력을 했음에도 불구하고 영어를 습득하는 것이 쉽지 않았다. 물론 유학생 중에서 그렇게 하는 사람은 많지 않았다. 대부분 그럴 여유도 없고 관심도 없었다.

따라서 애매모호하게 영어에 많이 노출돼야 한다고 말하는 것보다 학생들에게 좀 더 명시적이고 구체적인 시간을 제시하는 것이 낫겠다고 생각했다. 그리고 아이들이 모국어를 습득하는 데 1만 1,680시간 정도가 소요된다면, 외국어인 영어의 경우에도 그 정도의 시간은 필요하다고 생각했다. 그래야 아이들이 보여 주는 것과 비슷한 수준의 언어 능력을 보여 줄 수 있지 않을까. 1만 1,680시간 가설은 그렇게 탄생했다.

1만 1,680시간 가설을 제시한 이후에도 많은 문헌을 찾아보았지만 그 어디에도 영어학습에 필요한 시간을 명시적으로 밝힌 경우는 없었다. 영어를 배우는 방법이나 전략 및 전술과 같은 이야기는 많았지만, 영어학습 시간이나 양에 대한 구체적인 언급은 찾을 수 없었다. 하지만 과연 양量을 전제하지 않고 질質적 영어 습득을 이야기할 수 있을까?

　　영어 습득에 필요한 시간에 관한 문헌을 찾으면서 한 가지 흥미로운 점을 발견했다. 학자들, 특히 외국에 있는 학자들은 이 문제를 거의 언급하지 않거나 지나가는 수준에서만 잠깐 언급한다는 점이었다. 미국, 영국, 캐나다, 호주의 학자들에게는 일상이 영어고, 매일 매 순간 영어에 노출되는 환경이므로 영어에 대한 노출은 공기처럼 존재하는 것이니 구태여 언급할 필요도 없었을 것이다.

　　하지만 일상에서 영어에 노출될 수 있는 기회가 없거나 부족하다면 영어에 노출되는 시간은 매우 중요한 변수가 된다. 우리는 과연 일상에서 소통의 도구인 영어를 어떻게 사용하고 있으며, 일상에서 영어에 얼마나 노출되고 있을까? 학교에서 영어를 배우는 시간은 얼마나 될까? 초등학교 4년 동안 전체 영어 수업 시간은 얼마나 될까? 영어 시간에 학생들은 영어를 얼마나 사용할까? 학교 교실에 과연 영어가 존재하기는 하는 것일까? 존재한다면, 그 영어는 어떤 모습의 영어일까? 우리나라에서 영어교육을 실시하고, 학교에서 영어를 가르친다면 당연히 이런 질문을 했어야 했다.

우리 사회에서는 영어를 사용할 이유가 그다지 많지 않고, 영어를 사용하지 않아도 일상을 살아가는 데 어려움이 거의 없다. 지금은 아닐 수 있지만 10여 년 전만 해도 원어민을 만나 영어를 해보거나, 영어에 능숙한 한국 사람을 만나 영어로 말해 보려면 많은 경우 돈을 지불해야 했다. 영어를 사용하거나 배우기 위해서는 개인이 열심히 그런 조건을 찾아야 했고 노력하지 않고 가만히 앉아 있으면 영어에 노출될 기회가 매우 적었다. 지금도 한국에서 영어를 배운다는 것은 개인이 끊임없이 노력해야 하며 영어 사용을 원하지 않으면 얼마든지 피할 수 있다.

따라서 나는 한 언어를 습득하는 데 1만 1,680시간 정도가 필요하며, 우리나라와 같은 조건에서는 이렇게 장시간 노출되는 것은 쉽지 않다는 말을 해주고 싶었다. 영어를 배우고자 하는 이들은 너무도 쉽게 "원어민처럼 유창하게 영어를 하고 싶다."라고 말하지만, 한국에서는 그러한 목표를 달성하는 것이 현실적으로 매우 어려운 일임을 알려주고 싶었다. 그럼으로써 한국인이 처한 현실에 맞는 목표와 그에 따른 공부량을 설정할 수 있도록 도와주고 싶었다. 초중고등학교의 영어교육 시간은 1만 1,680시간에 비하면 터무니없이 적은 시간이니, 원어민 같은 유창한 영어는 기대하기 어렵다.

1만 1,680시간은 매일 8시간을 하면 4년이면 충족되는 시간이고, 하루에 4시간으로 줄이면 8년이 걸리는 시간이다. 영어에 노출되는 시간을 하루 2시간으로 줄이면 16년이 걸리는 시간이며 하루 1시간이면 32년, 하루 30분이면 64년이 걸리는 시간이다. 하루에 30분 정도 노출된다고 했을 때 1만 1,680시간은 64년이 걸리는 엄청난 시간이다.

　강의 때마다 이런 질문을 해봤다. "여러분은 일상에서 영어에 얼마나 노출되십니까?" "하루에 1시간은커녕 10분도 안 되는 거 같은데요."라고 답하는 분들이 정말 많다. "그러면 일주일에 몇 시간이나 영어에 노출되십니까?" 이렇게 질문해도 돌아오는 답은 비슷했다. 아마도 많은 사람들은 1년에 한 번 해외여행을 나갈 때, 비행기 기장의 환영 멘트나 승무원의 기내 방송을 들어 본 것이 전부이지 않을까 싶다. 만약 1년에 1시간 영어에 노출된다면 1만 1,680시간을 채우기 위해 1만 1,680년이 흘러야 한다. 한 삽 한 삽 퍼서 만년이 흐르면 산을 옮길 수 있을지 모르지만, 그렇게 해서 영어를 배울 수는 없다.

1만 1,680시간, 콜럼버스의 달걀인가?

1만 1,680시간과 관련한 에피소드가 참 많다. 대학 신입생들에게 이 가설을 이야기한 이후에 이와 관련하여 글도 쓰고 논문도 썼다. 동료 학자들 중에는 가설을 수긍하는 사람도 많았지만 일부 학자들은 뒤에서 수군대는 경우도 있었다. 어떤 학자는 내가 있는 자리에서 마치 자기 이야기인 것처럼 말하기도 했고, 어떤 사람은 "아니, 그거 뻔한 이야기 아니야. 노출은 당연히 중요하지."라며 가설을 폄하하기도 했다.

1만 1,680시간은 너무도 당연한 것이지만 구체적으로 노출 시간을 계산하고 언급하기 전까지 아무도 주목하지 않았다는 측면에서 콜럼버스의 달걀이었다. 이 이야기를 하기 전까지 우리나라와 같은 환경에서 영어에 노출된 시간이 갖는 의미에 대해서 누구도 주목하지 않았다. 그런 면에서 사람들의 영어에 대한 인식은 이 가설을 제시하기 전과 후로 구별할 수 있을 것 같다.

1만 1,680시간은 아이들이 말을 배우는 데 들인 시간이다. 분명한 것은 읽고 쓰는 걸 배우는 데 들인 시간은 아니라는 것이다. 이 정도 시간을 들여 아이들은 모국어를 배우고, 학교에 들어가서 다시 읽고 쓰는 것을 배운다. 어떤 면에서 보면 읽고 쓰는 것을 배우고 익히기 위해서 다시 1만 1,680시간을 들여야 하는지 모른다.

하지만 우리나라 학교 영어교육에서는 읽고, 쓰고, 듣고, 말하는 네 가지 능력을 가르치는 데 대략 700-1,000시간을 할애한다. 이렇게 구체적인 시간을 들어 이야기하면 영어를 배우는 데 필요한 시간, 우리의 영어 노출 환경, 그리고 우리의 영어교육 시간에 대한 보다 구체적인 그림이 보인다. 이런 조건에서 과연 우리는 영어를 어느 정도나 할 수 있을까.

해외 영업을 주로 하거나, 대학에서 영어 관련 학문을 하거나 연구를 하는 데 영어가 반드시 필요하거나, 외교부나 다국적 기업에서 근무하는 사람을 제외하면 일반인들은 영어에 노출될 기회가 별로 없다. 일부 사람을 제외하면 영어가 그렇게 삶에서 필요하지 않기 때문에 많은 사람들이 영어를 그만큼만 하는 것일 수도 있다.

1만 시간 법칙의 비밀

1만 1,680시간이라는 가설을 제시하고 10여 년이 지나서 2010년경 맬컴 글래드웰Malcolm Gladwell이 책을 한 권 냈다. 그는 매우 유명한 신문 칼럼니스트이며 작가다. 그가 글을 쓰면 대개 베스트셀러가 되는데, 글을 쉽고 재밌게 잘 쓰는 스토리텔러이기 때문이다. 그의 『아웃라이어스: 성공의 이야기Outliers: The Story of Success』라는 책에는 '1만 시간' 이야기가 나온다. 그가 제시한 '1만 시간의 법칙'은 어느 한 분야에서 최고 수준의 전문가들은 대개 1만 시간 정도의 훈련이 필요하다는 것이다. 그가 사례로 든 세계적인 수준의 연주자들은 그 정도의 연주 능력을 기르는 데 대개 1만 시간의 훈련과 연습, 수련의 시간이 걸렸다.

이 책을 읽으며 그런 생각이 들었다. '어떻게 지구 반대편에 있는 사람과(맬컴과는 개인적으로 아무런 친분이 없다) 내가 이렇게 생각이 일치할 수 있을까?' 물론 나는 1만 1,680시간이라고 했고 그는 1만 시간이라고 했지만, 크게 보면 별 차이가 없었다. 그가 1만 시간에 대해 기술한 내용은 내가 생각하고 있던 것과 거의 일치했다. 맬컴의 '1만 시간'은 대략 이런 내용이다. 한 분야의 전문가가 되는 데 하루 4시간, 365일, 8년, 이렇게 하면 대략 1만 시간 정도의 시간이 나온다. 물론 토요일과 일요일은 기독교 문화에서는 안식을 취하는 날이기 때문에 그 시간을 빼고 계산한 것이다.

우리는 우리말을 모국어로 구사하고 있기 때문에 원어민의 모국어 수준이 어느 정도인지 잘 인식하지 못하지만, 한 언어의 원어민은 김연아, 손흥민, 박지성, 조성진과 같이 한 분야의 월등한 전문가가 된다는 것을 의미한다. 우리는 이런 사람들을 보고 쉽게 천재라고 말하지만 개인적으로 갖고 태어난 우수한 역량과 상관없이 그들은 세계적인 수준의 기량을 보이기 위해 오랜 시간을 노력한다. 타고난 재능만으로는 세계적인 수준의 기량을 보여 줄 수는 없다. 그 비밀을 맬컴은 1만 시간 법칙으로 설명했다.

맬컴의 1만 시간 법칙은 사실 플로리다 주립대학의 앤더스 에릭슨Anders Ericsson 교수가 제안한 내용이다. 그는 어느 한 분야에서 세계적인 수준의 능력을 보여 주는 전문가들을 주로 연구했는데, 그들의 특징을 설명하는 논문에서 이 내용을 다뤘다. 에릭슨은 논문에서 1만 시간을 구체적으로 언급하지는 않지만, 대략 하루에 4시간, 365일, 그리고 8년 정도 훈련의 과정을 거치면 한 분야에서 전문가가 된다고 하며 전문가가 되기 위한 요체로 '의식적 훈련deliberate practice'을 제시했다. 의식적인 연습이나 훈련을 통한 1만 시간, 이것이 어떤 한 분야의 전문가를 길러내는 핵심인 것이다.

의식적인 연습이라는 것은 대단히 중요하다. 나는 2004년부터 20년 정도 배드민턴을 치고 있으니 배드민턴을 친 시간이 1만 시간은 넘을 것 같다. 그런데 나의 배드민턴 실력은 A 레벨도 아니고, B 레벨도 아니다. 약 20년 동안 1만 시간, 아니 그 이상을 들였는데도 의식적인 연습을 하지 않았기 때문에 최고 수준에는 오르지 못했다. 레슨을 받은 적도 거의 없고 게임만 했다. 게임에 이기기 위해서 머릿속으로 생각해 보거나 동영상을 본 적은 있지만, 가지고 있는 약점이나 부족한 점을 극복하기 위해서 의식적으로 훈련이나 연습을 해 본 적은 없다. 체육관에서 동료 교수들과 운동하는 걸 즐겼을 뿐이다. 그래서 들인 시간만큼 실력이 많이 늘지 않았다.

배움이란

배운다는 것은 현재 자신의 안락한 상태comfort zone를 벗어나는 것이다. 나아진다는 것은 못하던 것이나 새로운 것을 배우며, 서툴고 잘하지 못하는 어떤 것을 능숙하게 만드는 것이다. 한마디로 배움은 편하게 잘할 수 있는 것들이 아니라 서툴고 못하는 것을 익히는 과정이다. 내가 무언가를 편하게 잘할 수 있다면 그 능력을 이미 갖고 있는 것이다. 실력이 늘려면 계속해서 새로운 것을 익혀야 하고, 못하는 것을 잘하게 만들어야 한다.

그래서 에릭슨은 1만 시간보다 의식적인 연습을 강조했다. 예를 들어 어떤 사람이 1만 시간 내내 피아노를 연습하며 베토벤의 '엘리제를 위하여'만 친다면 그 사람이 나아지는 것은 그 이상 그 이하도 아니다. 그것보다 조금 더 난이도가 있고 도전적인 곡을 익히려고 연습할 때 나아질 수 있다. 어떤 면에서 보면 잘하지 못하고 서툰 것을 연습하는 것, 맞힌 문제보다 틀린 것을 연습하는 것, 그것들을 의식적으로 집중해서 연습하는 것, 그것이 나아지는 과정이고 새로운 것을 배우는 과정이다. 의식적으로 집중하여 연습하는 과정을 통해서 한 단계 향상될 수 있다. 영어를 익히는 것도 마찬가지다.

그렇다면 에릭슨은 전문가가 되기 위해서 왜 하루에 4시간을 연습해야 한다고 했을까? 하루에 4시간을 연습하게 되면 대부분의 사람들은 몹시 피곤해하고 기진맥진한 상태가 된다. 1분 1초도 허투루 보내지 않고 정신을 집중해서 못하는 것을 새롭게 배우는 것은 상당히 많은 에너지를 필요로 한다. 그런 의식적인 연습은 하루 종일 할 수 없고, 휴식 없이 매일매일 할 수도 없다. 일주일에 한두 번 정도는 휴식을 취하면서 재정비하고 에너지를 충전한 다음, 다시 하루에 4시간 정도 집중하여 연습해야 한다. 1만 시간을 연습한다는 것은 그런 상태를 8년 정도 지속하는 것이다.

최고 수준의 전문가가 되려면 몇 가지 조건이 더 필요하다. 첫째, 열심히 노력해야 한다. 자신이 열심히 하지 않는데 누가 옆에서 도와준다고 달라지지 않는다. 둘째, 의식적으로 연습을 해야 한다. 맹목적으로 하는 게 아니라 의식적으로 생각하면서 연습을 해야 한다. 셋째, 전략적으로 접근해야 한다. 넷째, 주변에 훌륭한 코치가 있어야 한다. 예를 들어, 하루에 4시간씩 365일, 그렇게 8년이라는 시간을 훈련하려면 혼자 계획하고, 연습하고, 평가하고, 문제점을 개선하며 나아가기는 어렵다. 코치가 있어야 한다. 코치는 끊임없이 옆에서 자극하고, 격려하고, 적절한 훈련 프로그램을 짜 주고, 때로는 훈련 과정에서 나타나는 문제점에 다양한 피드백을 제공한다. 그래서 세계 최고 기량을 가진 선수들도 코치의 도움을 받아서 지속적으로 훈련하고, 한계를 극복하는 것이다.

그럼 영어는 어떻게 배우는 것이 좋을까? 우리나라와 같이 일상에서 영어를 사용하지 않는 환경에서는 의식적인 연습이 더욱 중요하고 반드시 필요하다. 영어라는 언어를 자기의 것으로 만든다는 건 보통 일이 아니다. 영어라는 언어를 전공하고, 연구하고, 배우는 사람의 입장에서 보면 한 언어를 내 것으로 만든다는 것은 그 나라의 총체적인 것을 받아들이고 이해하는 과정이다. 언어 속에는 그 나라의 총체적인 문화와 역사가 담겨 있다. 따라서 한 언어에 원어민처럼 유창해진다는 것은 결코 쉬운 과정이 아니며 그만큼의 의식적인 노력, 장시간의 노출, 자극과 피드백을 줄 수 있는 코치가 필요하다.

이렇게 이야기하면 너무 힘들겠다거나 재미없겠다는 반응이 많다. 하지만 우리가 어떤 생각과 태도를 가지고 학습에 임하는지가 중요하다. 스탠퍼드대학의 캐럴 드웩Carol Dweck 교수는 인간의 능력을 성장 마인드셋growth mindset과 고정 마인드셋fixed mindset으로 구분했다. '나는 어제보다 오늘 더 나아질 수 있고, 오늘보다 내일 더 나아질 수 있다. 나는 이렇게 매일매일 성장한다'라는 생각이 성장 마인드셋이다. 소위 일신우일신日新又日新과 같이 '하루하루가 달라지고 더 나아질 수 있다. 나아지고 있다'라고 생각하는 것이다. 반대로 '사람의 능력은 정해져 있어. 타고나는 거야. 노력한다고 크게 달라지지 않아'라고 생각하는 것은 고정 마인드셋이다. 중요한 것은 성장 마인드셋을 가질 때 하루하루 나아지고 성장하려고 노력한다는 점이다. 이런 태도를 가질 때 사람들은 더 많은 것에 도전하고, 보다 적극적으로 새로운 배움을 시도한다.

영어를 배우고 익히는 것도 마찬가지다. 짧은 시간 안에 원어민처럼 되지는 못할지 모르지만, 하루하루 새로운 단어를 익히며 어제보다 오늘 더 나아지는 것을 경험한다면, 그리고 그것을 인지하고 스스로 격려와 칭찬을 아끼지 않는다면 되는 것이다. 공자가 "아는 사람은 좋아하는 사람만 못하고知之者不如好之者, 좋아하는 사람은 즐기는 사람만 못하다好之者不如樂之者"라는 말을 했다고 한다. '즐기는 자가 좋아하는 자보다 낫다'는 의미인데, 영어는 단순히 즐기는 것만으로 충분하지 않다. 단순히 즐기는 것만으로 일정 수준을 벗어나기 어렵다.

배드민턴을 즐기기만 해서는 일정 수준을 넘어서기 어려운 것처럼 말이다. 그 수준을 넘어서기 위해서는 현재보다 나아지려는 의식적인 연습이 필요하고, 편하게 잘하는 영역을 벗어나려고 끊임없이 노력해야 한다. 이런 과정을 통해서 하루하루 나아진다.

4장 영어 파닉스교육의 의미는 뭘까?

초등학생이나 유아를 대상으로 하는 영어교육에서는 '파닉스' 이야기를 참 많이 듣는다. 파닉스는 영어 글자를 보고 발음하는 법을 공부하는 것이다. 하지만 우리나라 아이들의 영어교육법으로 파닉스는 한계가 있다. 4장에서는 그 이유를 구체적으로 살펴보려 한다.

파닉스와 프로테스탄트

나는 '파닉스phonics'라는 단어를 들을 때마다 마틴 루터 킹Martin Luther King Jr. 목사가 생각난다. 킹 목사는 1963년 8월 28일 미국 워싱턴에서 '나는 꿈이 있어요I have a dream'란 유명한 연설을 했다. 연설 내용의 일부를 우리말로 옮겨 보면 다음과 같다. "블랙 맨 앤 화이트 맨 쥬스 앤 젠타일 프라다스탄 앤 캐솔릭스 윌 비 에이블 투 조인 핸즈 …." 이 연설 중에 '프라다스탄'은 뭘 가리키는 것일까?

'프라다스탄'과 관련해서 개인적인 에피소드가 하나 있다. 미국 유학 시절 어느 날 같은 연구실에 있는 연구원과 함께 차를 타고 이동 중이었다. 차에서 이런저런 대화를 나누던 중에 종교와 관련한 이야기가 나왔다. 서로 어떤 종교를 믿는지 이야기하던 중에, 내가 "당신은 개신교인가요, 구교인가요?"라고 물었다. 당시 개신교를 가리키면서 사용한 표현은 프로테스탄트protestant였다. 자연스럽게 "당신은 프로테스탄트인가요Are you a protestant?"라고 물었다. 그런데 그는 무슨 말인지 모르겠다는 표정으로 계속 "What? What?" 하고 물었다. 나는 '왜 이런 쉬운 표현을 못 알아듣지?' 하면서 다른 발음을 시도해 봤다. 강세stress를 앞에 넣었다가 뒤에도 넣었다가 별짓을 다 했지만 그는 내 발음을 알아듣지 못했다. 마지막 수단으로 나는 단어의 철자를 말해 주었다. p-r-o-t-e-s-t-a-n-t. 그렇게 말해 주니 그는 그제야 "아, 프라다스탄!" 하는 것이었다. 미국 영어에서 '프로테스탄트'는 '프라다스탄'으로 발음한다. 그때까지 그렇게 발음하는지 정말 몰랐다. 두 발음을 비교해 보면, 그가 제대로 알아듣지 못했던 것은 너무나 당연했다.

누가 나의 이름을 '이붕민'이라고 발음하거나 '이벙민' 또는 '이형민'이나 '이정민'이라고 발음하면서 "너 혹시 그 사람 알아?" 그러면 '이병민'이라고 알아들을 수 있을까? 그럴 가능성은 거의 없다. 어느 외국인이 '수박'이라는 것을 말하기 위해서 '스박', '서박', '소박'이라고 발음하면 그것을 듣고 '아, 저 사람이 수박을 얘기하는 거구나'

라고 알아들을 수 있을까? '수박'과 '스박', '서박', '소박' 또는 '이병민'이나 '이봉민'은 모음 하나밖에 차이 나지 않는다. 하지만 '프라다스탄'을 '프로테스탄트'라고 발음하면, 모음 하나만 차이가 있는 것이 아니다. 그러니 그 동료가 나의 '프로테스탄트'라는 발음을 알아들을 수 없었던 것이다.

이 이야기가 파닉스교육과 무슨 관련이 있을까? 어린 학생을 대상으로 하는 우리나라 영어교육에서는 영어 파닉스를 금과옥조처럼 생각한다. 심지어 어린이 대상 학원에서는 몇 개월 만에 파닉스를 모두 습득할 수 있다고 학부모를 현혹하기도 한다. 파닉스는 미국에서 건너온 교육 방법으로, 영어 문자를 보고 대응하는 소리를 낼 수 있는 능력을 기르는 훈련 방법이다. 영어 문자를 보고 소리로 변환시키는 능력을 기르는 교육인 것이다.

미국 아이들은 만 5-6세 정도가 되면 글 읽는 걸 배운다. 5-6세면 모국어를 유창하게 말할 수 있는 나이이다. 그때 아이들은 글을 읽는 훈련을 하게 되는데, 그때 사용하는 글 읽기 훈련 방법이 파닉스다. 파닉스는 말을 가르치는 훈련 방법도 외국어를 가르치는 훈련 방법도 아니고, 미국 아이들에게 글을 읽는 훈련을 하는 프로그램이다.

미국 아이들에게 왜 파닉스를 가르칠까? 그걸 가르치면 무슨 효과가 있을까? 파닉스는 미국 아이들이 모국어를 완전히 습득한 단계에서 영어로 된 글을 읽어야 할 때 사용하는 교육 방법이다. 글자에 대응하는 소리를 끌어낼 수 있도록 하는 파닉스교육은 미국 아이들에게 글의 세계로 들어가는 비밀의 문을 여는 열쇠가 된다.

하지만 우리나라와 같이 영어를 외국어로 배우는 경우에는 아이가 아직 영어를 제대로 습득하지 못한 상태에서 파닉스교육을 하게 되므로 그 효과는 매우 제한적이다. 다시 말하면, 우리나라에서 아이가 파닉스를 배워서 글을 보고 소리를 내는 것은 앵무새가 사람의 목소리를 따라 하는 것과 비슷하다. 무슨 뜻인지도 모른 채 글자를 보고 그냥 소리를 내는 것이다. 하지만 미국 아이들처럼 이미 영어를 완벽하게 습득한 경우에는 파닉스 규칙에 따라 문자를 보고 소리를 내고, 자신이 낸 소리를 듣고서 그 뜻을 알게 되며, 결과적으로 글을 읽고 이해하게 된다.

외국 사람들은 한글을 배울 때 비교적 쉽게 한국어를 발음한다. 한글은 문자를 보고 쉽게 소리를 낼 수 있는 표음 문자이기 때문이다. 그런데 문제가 있다. 외국인이 한글을 보고 소리는 냈지만, 무슨 뜻인지까지 알 수 있을까? 그렇다. 글을 읽는다는 것은 뜻을 알기 위해서인데 "아버지가 방에 들어가셨다."라고 소리만 냈다면 무슨 의미가 있을까? 우리 아이들은 이미 모국어를 습득했기 때문에 "아버지가 방에 들어가셨다."라는 글을 소리 내서 읽을 수 읽으면, 그 소리를 듣고 '아버지가 방에 들어가셨구나' 하고 이해한다. 이 정도 표현은 5-6세 정도면 알아들을 수 있다.

미국의 5-6세 아이도 파닉스를 익혀서 영어 글자를 보고 소리를 정확하게 낼 수 있으면 책을 읽고 그에 담긴 뜻을 알게 된다. 이것이 미국 아이들에게 파닉스교육을 강조하고, 오랫동안 파닉스 훈련을 시키는 이유다. 하지만 우리 아이들에게 파닉스교육의 의미는 매우 제한적이다. 앵무새나 구관조가 "안녕하세요."라고 소리를 내는 것이나, 영어를 잘 모르는 아이들이 파닉스를 배워서 영어 소리를 내는 것이 무슨 의미가 있을까? 글을 보고 소리는 냈는데 무슨 뜻인지 모르면, 글을 읽는 이유가 있을까?

파닉스를 몇 개월 만에 끝낸다고?

파닉스를 가르친다고 해도, 어린아이들이 파닉스를 익히는 과정은 결코 간단하지 않다. 단기간에 익힐 수 있는 것도 아니다. 영어 철자와 소리의 관계는 매우 불규칙해서 소리와 철자가 잘 일치하지 않는다. 예를 들면, 영어 철자 ea가 bean에서는 'i'/이:/로 발음이 되는데, bear에서는 '[eə]'/에어/로 발음이 된다. beast와 teacher에서는 /이:/ 발음이 되는데, tear는 /티어/ 또는 /테어/로 읽을 수 있다. 같은 철자이지만 이처럼 다양하게 발음된다.

만약 아이가 ea가 /이:/ 발음이 난다고 배웠으면, 아이는 search를 '써-ㄹ치'가 아니라 '씨-치'라고 읽을 가능성이 있다. ready는 /리-디/라고 발음하고, pearl은 /피-ㄹ이/라고 발음할 것이다. 우리 한글에서 'ㅣ'는 항상 /이/ 발음이 나고, 'ㅓ'는 항상 /어/ 발음이 날 텐데, 영어에서는 모음이 일관되게 한 가지만으로 발음되지 않는다. 아이들이 파닉스를 배운다면 그런 다양한 패턴을 익혀야 한다. 영어도 잘 모르는 7-8세 아이들은 이런 다양하고 복잡한 파닉스를 빠르고 쉽게, 잘 배울 수 없을 것이다.

문제는 파닉스를 쉽게 배울 수 있다고 생각하는 것이다. 영어 학원에서는 "6개월에 끝냅니다!"라고 하지만 그렇게 쉽게 배울 수 있는 것이 아니다. 간단한 영어 철자 'a'도 apple에서는 /애/ 발음이지만, about에서는 /어, 으/로 발음한다. day의 경우에는 /에이/ 발음이 된다. 영어의 철자를 보고 적절한 영어 발음을 내는 것은 쉽지 않고, 그 패턴은 너무나 다양하고 복잡하다. 따라서 파닉스는 오랜 시간의 훈련이 필요하다. 몇 개월에 끝낼 수 있는 것도 아니고 몇 년간 꾸준하게 익혀야 한다. 파닉스를 잠깐 소개하는 데 그치는 초등학교 영어 교과서도 수정이 필요하다.

잘못된 파닉스교육의 부작용

파닉스에 익숙한 학생들은 영어 철자를 보고 마음대로 발음하는 경향이 있다. 영어교육과에서 가르치는 교과목 중에 '영어교과교재론'이 있다. 영어 과목명이 'Language Learning Materials Analysis & Evaluation'인데, 영어교육과 학생들도 'Material'을 가끔 '마테리얼'

로 읽는다. 10여 년 이 강좌의 강의를 했는데, 할 때마다 일부 학생들은 'material'을 '마테리얼'로 읽는다. 초기에는 '아니 이런 쉬운 단어를 어떻게 그런 식으로 잘못 읽지? 마테리얼. 듣도 보도 못한 발음인데 그렇게 발음하는 배경이 도대체 뭘까?'라고 생각했다.

하지만 일부 학생들이 그렇게 엉뚱하게 발음하는 것에는 잘못된 파닉스교육의 영향이 있는 것 같다. 어린 시절에 파닉스를 배웠지만, 단기간에 배웠으니 완벽하게 잘 배웠을 리 없다. 더불어 파닉스 훈련 때문에 영어 단어를 보면 알고 있는 파닉스 규칙으로 적당히 소리 내서 읽으려 한다. 그러다 보니 영어 단어의 발음을 확인하지 않고 마음대로 읽는다. 이런 경향은 이전 세대보다 파닉스에 익숙한 세대에서 자주 목격된다.

이처럼 파닉스 훈련이 제대로 되지 않았기에 발음이 틀리거나 엉뚱하게 읽는 경우가 많다. 심지어 대학원생들 중에 영어 교사를 하는 학생이나, 적어도 영어를 10-20년 이상 공부한 학생들도 엉뚱한 발음을 하는 경우가 있다. 물론 미국의 교수들도 출석을 부를 때 학생들의 이름을 가끔 잘못 읽는 경우가 있지만 말이다.

현재의 50-60대는 영어 사전으로 공부했고, 사전에서 발음 기호를 찾아 가며 발음을 익혔다. 나 역시도 그렇게 공부했다. 처음 보는 단어가 있으면 지금도 인터넷 사전에서 영어 발음을 꼭 확인한다. '프라다스탄'에서 볼 수 있듯이 영어는 발음에서 강세가 중요한 역할을 한다. 영어의 강세 때문에 뜻이 달라지고 인접한 좌우 발음도 크게 달라진다.

서울말은 대개 평탄하다고 한다. 평조라고 해서 모음마다 소리의 강세나 변화가 크지 않다. 서울 사람들은 "오늘 날씨가 무척 맑네."를 평탄하게 발음하지만, 경상도 사람들은 "오늘 비가 '억'수로 오네."라고 강세를 넣어 발음한다. 서울말은 각 모음마다 비슷한 정도의 강세로 발음한다. 즉, 폐에서 나오는 공기의 양을 공평하게 배분한다. 쉽게 표현하면 각 모음마다 비슷한 양의 공기를 배분하는 것이다. 말을 한다는 것은 폐 속에 있는 공기를 입을 통해서 밖으로 내보내는 것인데, 폐에 담긴 한정된 공기의 양을 각 모음마다 공평하게 배분할 수도 있고, 다르게 배분할 수도 있다.

영어처럼 강세가 있는 언어에서는 강세가 있는 발음에 공기의 양을 좀 더 많이 줘서 강하게 발음한다. 프로테스탄트의 예를 들어보자. 'Pro'를 발음할 때 공기를 많이 내보내서 강하게 강세를 줘서 발음하면 폐 속에 있는 공기의 양이 줄어든다. 따라서 상대적으로 다음 모음을 발음할 때 필요한 공기의 양이 줄어들게 된다. 결국 다음 발음이 약해질 수밖에 없고, /'프라'다스탄/으로 발음하게 된다. 이런 것이 영어 발음의 특징인데, 단기간에 배운 완벽하지도 않은 파닉스 규칙을 적용하면 엉뚱한 발음을 하게 되고, 소통도 제대로 이뤄지지 않는다. 파닉스를 맹신하며 엄청난 효과가 있는 것처럼 착각하거나 아이가 영어로 소리를 낸다고 해서 글을 읽는다고 생각하지 않았으면 좋겠다.

5장 영어 단어, 얼마나 알아야 할까?

영어 원어민은 대개 8세 정도면 약 1만 단어를 안다. 미국의 성인들은 대략 3만 5,000단어에서 4만 단어 정도를 안다. 우리 아이는 몇 개의 영어 단어를 어떻게 익히도록 해야 할까? 5장에서는 아이들의 목표에 맞는 영어 단어 공부량을 살펴보며, 영어 단어를 올바르게 공부하는 법을 알아보고자 한다.

일상 대화에 사용하는 어휘

일상적인 대화를 할 때와 글을 읽을 때 사용하는 어휘의 종류와 수에는 차이가 있다. 일반적으로 일상 대화에서는 아주 많은 어휘를 사용하지 않는다. 한 조사에 따르면 2,500-3,000단어만 알고 있으면 일상 대화의 90% 정도는 이해할 수 있다고 한다. 물론, 말을 하는 사람의 지적 수준, 교육 정도, 상황에 따라 차이는 있겠지만, 일상적인 대화는 2,000-3,000단어 정도면 해결된다.

그렇다면 책을 읽을 때는 몇 단어나 필요할까? 말을 하는 것과 글을 읽는 것은 어휘 측면에서 보면 전혀 다른 차원의 문제다. 말을 할 때보다 글을 읽을 때 훨씬 많은 어휘가 필요하다. 연구에 의하면 4,000개 정도의 영어 단어를 알면 영어 문서의 약 93% 정도를 알 수 있고, 약 8,000-9,000단어를 알면 일반 영어 문서의 98% 정도를 파악할 수 있다고 한다. 신문을 읽으려면 8,000개의 단어는 알아야 한다. 영어 소설을 이해하려면 1만 단어가 필요한 경우도 있고, 허먼 멜빌Herman Melville의 『모비 딕Moby-Dick』 같은 소설은 2만 5,000-3만 개를 알아야 읽을 수 있다.

4,000개의 단어를 알면 글에 나오는 단어의 93%를 알 수 있는데, 8,000-9,000개를 알아도 아는 단어의 비율은 98%로 겨우 5% 늘어날 뿐이다. 이는 일정 수준을 넘게 되면 1%, 2%, 3%를 늘리기 위해 몇천 개의 어휘가 추가적으로 필요함을 의미한다. 알고 있는 어휘의 수가 일정 수준에 도달한 뒤에는 추가적으로 2,000개, 3,000개, 4,000개의 어휘를 더 익혀도 글에서 그 단어를 보게 될 가능성은 비교적 높지 않다. 그만큼 추가적으로 단어를 배워도 효용성이 떨어진다. 그러니 영어 단어를 1만 개 정도 알고 난 이후에는, 아는 단어를 2-3만 단어로 끌어올리려고 많은 시간을 투자해도 들인 시간만큼 효용성이 높지 않다.

알고 있는 영어 단어의 개수에 따라 글에 아는 단어가 등장할 가능성은 어떻게 달라질까? 1,000단어 정도를 알고 있으면(1,000단

아는 단어 수와 문서에서 아는 단어의 비율

아는 단어 수	문서에서 아는 단어 비율
1,000	72.0%
2,000	79.7%
3,000	84.0%
4,000	86.8%
5,000	88.7%
6,000	89.9%
15,851	97.8%

어는 그렇게 많아 보이지 않지만, 일상에서 많이 쓰이는 어휘가 이에 포함된다) 영어 책에 등장하는 단어의 약 72%는 알고 있을 가능성이 높다. 72% 정도면 매우 높은 비율이다. 2,000단어 정도를 알면 글의 80% 정도는 아는 단어일 수 있고, 5,000단어 정도가 되면 88%, 1만 5,000-1만 6,000단어 정도면 97-98%가 아는 단어다.

이를 기준으로 단어를 3,000단어, 6,000단어, 1만 단어 이상으로 구분하기도 한다. 3,000단어는 일상에서 흔하게 접할 수 있는 단어들이므로 이 정도를 알면 일상 대화는 물론 글을 읽을 때에도 도움이 된다. 그다음 6,000단어에는 등장하는 빈도가 비교적 낮은 단어들이 포함된다. 1만 단어 수준을 넘어가면 일상에서 많이 사용하지 않는 전문적인 단어들까지 포함된다. 이런 기준을 바탕으로 '일상적으로 사용되기 때문에 반드시 알아야 하는 3,000단어', '사용 빈도가 높고 중요하므로 알아 두면 좋은 6,000단어', '많이 사용되지는 않지만 특정 분야의 전문적인 글을 읽고 이해하는 데 필요한 1만 단어'와 같이 단어의 층위를 구분할 수 있다. 이와 같은 분류는 단어를 어떻게 배우는 것이 바람직한지, 어떤 방식으로 어휘 학습의 효용성을 조금이라도 높일 것인지 판단하는 데 도움이 된다.

글의 장르별로 단어의 분포를 살펴볼 수도 있다. 기준의 하나는 대학 어휘 목록University Word List으로, 줄여서 UWL이라고 부른다. 이 목록에는 주로 대학에서 많이 사용되는 어휘들, 학술적이고 전문적인 성격을 띤 어휘들이 포함된다. 예를 들면, 학술적인 글에서 2,000단어 수준의 어휘가 차지하는 비율은 78%인 데 비해 대학 어휘 목록의 단어는 8.5% 정도를 차지한다. 2,000단어 수준의 어휘와 대학 어휘 목록 8.5%를 더하면 약 86.6%가 되므로 대학에서 교재로 사용하는 글에서 두 종류의 어휘를 알면 글에 등장하는 단어의 87% 정도는 아는 것이라고 할 수 있다. 한편 신문은 일반인들이 보는 것이므로 대학 어휘 목록에 등장하는 단어가 상대적으로 적게 쓰인다. 일반인들이 읽는 잡지 역시 신문과 비슷하며, 소설의 경우 대학 어휘 목록의 비율이 현격하게 낮아서 약 1.7%에 불과하다.

대학 어휘 목록은 1단계부터 11단계까지 총 836개의 단어로 구성되어 있다. 1단계 어휘는 상대적으로 빈번히 등장하는 학술 어휘이고 11단계 어휘는 빈도수가 상대적으로 낮은 어휘다. 효용성을 생각한다면, 학술 어휘 목록의 1단계 단어를 먼저 익히는 것이 낫다. 그만큼 많이 등장하고 쓸모가 있기 때문이다.

교과서, 수능, EBS 교재에 등장하는 영어 단어 수

우리나라 학교 영어교육과정에서는 영어 단어를 몇 개나 소개하고 가르칠까? 초등학교, 중학교, 고등학교 수준마다 단계적으로 도입되어 전체 10년의 영어교육과정에서는 3,000개에서 많으면 3,500개 정도 소개된다고 보면 된다.

문제는 대략 7,000-8,000개의 단어를 알아야 수능 시험에 등장하는 어휘의 뜻을 파악할 수 있다는 점이다. 흥미로우면서도 대단히 모순적인 현상이다. 학교에서 배우는 영어 단어와 수능을 대비하기 위해서 알아야 하는 영어 단어의 개수 사이에는 약 4,000개 정도의 간극이 있다.

구체적으로 2015 교육과정의 경우, 초등학교 3-4학년을 합해서 약 240개의 영어 단어를 소개하고, 5-6학년에 260개를 더해서 총 500개 정도를 배운다. 중학교에서는 1-3학년을 통합해서 750개의 새로운 단어를 소개하여 초등학교와 중학교를 합하면 총 1,250개가 된다. 고등학교 1학년 때 영어 공통과목에서 약 550개를 추가로 배워서 총 1,800개가 되고, 고등학교 2-3학년 때 다양한 이름으로 제공되는 영어 과목에서 배우는 어휘까지 누적하면 전체 10년 동안

학교 급별로 배우는 영어 어휘 수

학교급	학년	새롭게 제시되는 최대 어휘 수	누계
초등	3-4학년군	240	240
	5-6학년군	260	500
중학교	1-3학년군	750	1,250
고등학교	1학년 공통과목	550	1,800
	2-3학년 일반선택	과목에 따라 다름	최대 2,500
	2-3학년 진로선택		최대 3,000
	2-3학년 전문교과		최대 3,500

3,000-3,500개 정도를 배우는 셈이다.

문제는 여기에 있다. 수능 시험은 학생들이 고등학교를 졸업할 때 어느 정도 영어 능력이 되는지를 평가한다. 하지만 영어 교과서에 등장하는 영어 어휘의 수준과 수능 시험 지문에 등장하는 영어 어휘의 수준, 그리고 학생들이 고등학교 2-3학년이 되면 배우는 EBS 수능 교재 지문의 어휘 수준 사이에는 상당한 차이가 있다.

최근 수능 킬러 문항으로도 논란이 됐지만, 영어 교과서에 등장하는 어휘와 EBS 수능 교재에 등장하는 어휘, 그리고 수능 시험에 등장하는 어휘 사이의 간극은 예상보다 크다. 예를 들어, 2018년도 EBS 수능 영어 교재를 보면 교육과정에 있는 기본 어휘는 60% 정도에 그치고, 나머지 40%는 교육과정 밖의 어휘가 나왔다. 이러니 영어 교과서를 가지고 공부한 학생들은 EBS 수능 교재를 어렵게 느낄

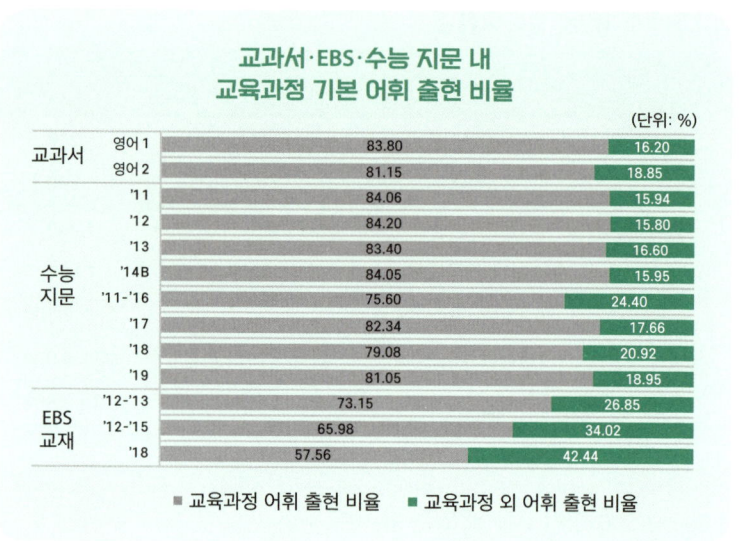

수밖에 없다. 영어 교과서조차 제대로 따라가지 못하는 학생들도 상당수 존재하는 상황에서 EBS 수능 교재는 많은 학생들에게 무용지물일 수 있다.

수능 시험에도 교과서에서 배우지 않은 단어가 꽤 많이 등장한다. 수능은 전국에서 사용하는 여러 종류의 영어 교과서와 EBS 수능 교재를 참고하여 출제되지만 그 밖의 단어도 등장한다. 따라서 특정 교과서를 가지고 공부한다고 해도, 수능에서 배우지 못한 영어 단어를 접할 가능성은 매우 높다. 이런 간극 때문에 도대체 어떤 교재로 공부해야 하는지 혼란스러운 상황이 발생한다.

학교 영어교육의 내용과 수능 시험 내용에는 많은 차이가 있고 이는 학생들에게 "학교 영어교육 이외에 영어교육을 더 받아라."라고 말하는 것과 같다. 어휘만 보더라도 영어 교과서에서부터 EBS 수능 교재, 수능으로 갈수록 어휘가 어려워지고 다양해지며, 일상 어휘보다 학술 어휘와 전문 어휘가 훨씬 많이 등장한다. 구체적으로 수능에는 disposition, sentiment, guarantee, authenticity 같은 단어들이 등장한다. 이런 단어들은 언뜻 그 의미가 쉽게 다가오지 않는다. self-referential framework, consciousness, oddly, segregation도 그 동안 수능에 나온 단어들이다. 전반적으로 수능 시험에는 일상 어휘보다 추상적이고 학술적인 어휘들이 다수 등장한다.

학교 교육과정의 어휘 선정 기준

학교 교육과정은 영어 어휘 교육의 목표를 널리 쓰이는 일상적인 단어를 가르치는 것으로 잡고 그 내용 역시 실용적이고 의사소통 중심적인 것으로 정한다. 그래서 3,000단어 정도의 비교적 빈도수가 높은 어휘를 중심으로 교육과정을 구성했을 테다. 하지만 EBS 수능 교재나 수능 시험 문제는 다른 잣대에 의해서 만들어진 것이다. EBS 수능 교재는 수능을 대비한 교재이며, 수능은 전국의 수십만 학생을 변별하기 위한 시험이다. 그런 배경으로 인해 학술 어휘의 비중이 높을 뿐만 아니라, 글의 내용도 매우 학술적이고 사변적이며 추상적이다.

교과서, EBS, 수능 지문의 빈도급간 어휘 난이도 (단위: %)

텍스트 빈도급간	교과서 (영어2)	EBS 수능 교재	2016 수능	2017 수능	2018 수능	2019 수능
K1	84.36	81.48	78.9	80.5	79.2	78.3
K2	92.41	90.96	89.7	90.9	89.5	89.1
K3	95.38	94.31	93.5	93.9	92.6	92.4
K4	97.33	96.37	96.1	96.2	95.3	95.2
K5	97.93	97.32	97.3	97.4	96.8	96.6
K6	98.54	98.06	97.8	98.0	97.4	97.3
K7	98.90	98.51	98.3	98.4	97.6	97.8
K8			98.5		98.2	98.3

영어 교과서와 EBS 수능 교재 그리고 수능에 나오는 어휘를 다른 기준으로 비교해 볼 수도 있다. 영어 단어를 사용하는 빈도에 따라서 나열하고 1,000단어씩 묶어서 분류했을 때 5,000단어를 알고 있다면 우리나라 영어 교과서에 등장하는 단어의 약 98%를 안다고 볼 수 있다. 즉, 고등학교 3학년이 배우는 가장 어려운 수준의 교과서에 나오는 거의 모든 단어를 아는 것이라고 볼 수 있다. 반면 EBS 수능 교재에 나오는 어휘의 98% 정도를 알려면 6,000단어에서 7,000단어를 알아야 한다. 수능 영어를 보면 2018년과 2019년에는 거의 7,000-8,000단어, 2016년과 2017년에는 6,000-7,000단어를 알고 있어야 수능 지문에 등장하는 98% 정도의 어휘를 알 수 있었다. 단어만 보면 학교에서 사용하는 영어 교과서가 제일 쉽고, 다음이 EBS 수

능 교재, 그리고 수능의 순서로 어려운 것이다.

우리나라 학교 영어교육에서는 어휘 부분이 비교적 소홀히 다뤄진다. 외국어를 배우는 데 시간을 분배한다면 실은 어휘가 문법보다 더 중요하다. 어휘를 배우고 익히는 데 더 많은 시간이 필요하며, 어떻게 보면 외국어 공부는 어휘 공부라고 해도 과언이 아니다. 하지만 학교 영어교육은 그 양상이 거꾸로 되어 있다. 학교에서는 주로 문법을 가르치며 교과서에도 어휘는 이전에 비해서 소홀히 다뤄진다. 그 배경에는 의사소통 중심의 영어교육이 자리 잡고 있다. 의사소통 중심의 교수법에서는 대략 2,000-3,000단어를 알면 일상에서 부딪히는 어휘의 약 97%를 알 수 있다고 본다. 그런 배경에서 우리나라의 영어교육과정은 전체 교육과정 10년 동안 3,000단어 정도의 어휘만을 도입하고 있는 것이다. 3,000단어는 말을 하고 의사소통을 하는 데는 충분할지 모르지만, 글을 읽는 데는 턱없이 부족하다.

글에 등장하는 단어의 몇 퍼센트를 알아야 글을 이해할 수 있을까?

앞서 사용 빈도수 상위 몇 퍼센트의 어휘를 알아야 글을 읽고, 몇 개의 단어를 알아야 수능에 등장하는 단어의 98%를 알 수 있는지, 또한 몇 개의 단어를 알아야 다양한 종류의 글을 읽을 수 있는지 이야기했다. 특히 글을 읽고 이해하는 데 98%는 의미 있는 숫자다. 글의 내용을 이해하려면 글에 등장하는 어휘의 98%를 알아야 하기 때문이다. 영어로 된 글에서 한 페이지에 모르는 단어가 약 2%일 때와 2%를 넘어서 약 5% 정도일 때, 글을 읽고 이해하는 데 얼마나 차이가 날까? 많은 연구에서는 글을 편하게 읽으려면 적어도 글에 등장하는 단어의 98%는 알아야 한다고 한다. 예전에는 95%면 충분하다고도 했는데, 최근에는 적어도 98% 수준은 되어야 한다고 본다. 결국 글에 등장하는 어휘의 상당수를 알아야 글을 이해할 수 있다는 이야기다. 98%의 어휘를 안다는 것은 100단어로 된 글 한 페이지에서 모르는 단어가 두 개뿐이라는 뜻이다. 만약 한 페이지에 200단어가 있다면, 모르는 단어가 네 개를 넘지 않아야 한다. 모르는 어휘가 네 개 이상이라면 글을 읽고 이해하는 데 부담이 될 수 있다.

학교 영어교육에서 어휘가 문법에 비해서 비교적 소홀히 다뤄지는 것이 사실이지만 어휘를 강조하는 경우에도 약간의 오해가 있다. 학교에서는 모르는 단어가 있을 때 단어의 뜻을 추측하며 읽는 것이 바람직하고 유익한 방법인 것처럼 가르친다. 이렇게 생각해 보자. 100단어 가운데 98%를 알아야 한다는 것은 단어 두 개를 모른다는 의미다. 글에 등장하는 모든 단어를 알고 있는 것은 아니지만 두 개 정도는 문맥을 통해서 추측이 가능할 수 있다. 이 경우 모르는 단어의 뜻을 추측하는 것은 나쁘지 않다.

하지만 100단어 중 50개를 알고 50개를 모른다면 모르는 50개의 단어를 추측해서 알아낼 수 있을까? 이는 의심의 여지 없이 불가능하다. 따라서 때로는 단어의 의미를 추측하는 것이 좋은 전략이 될 수 있지만, 가급적이면 학생들에게 많은 단어를 접할 기회를 주고 단어를 의식적으로 익히는 것이 바람직하다. 다시 강조하지만, 글에 등장하는 단어 중에서 98% 이상 알아야 한다. 95%에서 98%로 기준을 끌어올린 이유는 단어의 뜻을 추측하는 것이 그다지 효과적이지 않았기 때문이다. 어쩔 수 없는 상황이라면 모르는 단어의 뜻을 적극적으로 추측해야 하지만, 단어의 정확한 의미를 알려 하지 않고 추측에 의존하는 것은 좋은 방법이 아니다.

200-300단어로 구성된 글에서 5%를 모른다면 10-15개 정도의 단어를 모른다는 의미다. 그런 경우 한 줄마다 하나씩 모르는 단어가 등장할 수 있고, 어쩌면 한 줄에 모르는 단어가 두세 개 있을 수도 있다. 그랬을 때 추측을 통해서 글의 뜻이 얼마나 이해될 수 있을지 한 번 테스트해 보기 바란다. 쉽지 않다.

영어 단어를 공부하는 방식

영어 단어를 공부하는 방식에도 문제가 있다. 학생들은 영어 단어를 공부할 때 영어 단어 하나에 한국어 뜻 한두 개를 적어 놓고, 'school은 학교다', 'ball은 공이다', 'notebook은 공책이다'라는 식으로 외우는 경우가 많다. 하지만 우리는 단어를 듣거나 글에서 봤을 때 즉각적으로 그 뜻을 머릿속에서 끄집어내서 이해하려고 단어를 공부한다. 따라서 영어 단어에 대응되는 우리말 뜻을 단편적으로 암기하면 글을 읽거나 들을 때 많은 한계에 부딪힌다. 그런 방식으로 어휘를 익히면 아는 어휘의 숫자를 단순하게 늘리는 효과는 얻을 수 있지만, 금방 대부분을 잊어버리고 정말로 남는 건 몇 개 되지 않는다. 그런 방식을 반복하면 아는 단어의 숫자는 조금 늘릴 수 있다. 그렇지만 실질적으로 듣거나 글을 읽을 때 그렇게 익힌 지식이 얼마나 활용될 수 있느냐는 별개의 문제다.

영어 단어를 아는 것은 단순하게 '안다, 모른다'의 차원이 아니라 여러 수준으로 구분된다. '어휘 지식 척도 Vocabulary Knowledge Scale'라는 것이 있는데, 이는 한 단어를 어느 정도 수준으로 알고 있는지 측정하는 기준으로 1점, 2점, 3점, 4점, 5점의 다섯 층위로 단어에 대한 지식을 구분한다. 제일 첫 번째 단계는 '나는 전에 이 단어를 본 기억이 없다'이다. 한마디로 그 단어는 본 적도 없고 전혀 모른다는 의미다.

2단계는 '나는 전에 이 단어를 본 적이 있지만, 단어의 뜻은 잘 모르겠다'이다. 이런 경우는 일상에서 많이 경험한다. 하루에 영어 단어 200개를 외웠다면, 며칠 지나서 단어를 다시 봤을 때 분명 전에 본 적은 있는데 뜻이 생각나지 않는 경우가 많다. 첫 번째 단계보다는 두 번째 단계가 그나마 본 기억은 있으니 더 낫지만, 아직은 미흡

> ◆ **어휘 지식 척도**(Vocabulary Knowledge Scale)
>
> 1. 나는 전에 이 단어를 본 기억이 없다. (1점)
> 2. 나는 전에 이 단어를 본 적이 있지만, 단어의 뜻을 모르는 것 같다. (2점)
> 3. 나는 전에 이 단어를 본 적이 있고, 이 단어는 _____ 의미라고 생각한다.
>   (동의어 또는 번역, 3점)
> 4. 나는 이 단어를 안다. 그 뜻은 _____ 다. (동의어 또는 번역, 4점)
> 5. 나는 이 단어를 문장에서 사용할 수 있다: _____. (5점)

한 수준이다. 세 번째 단계는 '나는 전에 이 단어를 본 적이 있고 뜻은 무엇인 것 같지만 확신은 들지 않는다'이다. 단어의 뜻을 물었을 때 비슷한 영어 단어나 우리말로 단어의 뜻을 말할 수 있지만 완전히 확신할 수는 없는 상태다.

4단계는 '나는 이 단어를 알고 그 뜻은 무엇이다'라고 자신 있게 말할 수 있는 단계다. 5단계는 그 단어를 문장 속에서 직접 사용할 수 있는 수준이다. 물론 이러한 구분이 어떤 사람이 단어에 대해 갖는 지식의 모든 단계를 보여 준다고 할 수는 없지만, 단계마다 나타나는 차이를 대략적으로 드러낸다고 할 수 있다. 이처럼 단어를 안다는 것에는 단순히 '안다, 모른다'의 차원뿐만 아니라 다양한 수준의 상태가 있고, 학습자가 이런 여러 단계를 거쳐 간다는 것을 주목할 필요가 있다.

한 단어를 아는 층위가 여러 단계라면 중요한 것은 1단계에서

5단계로 어떻게 이동할 것인가 하는 문제다. 이런 이동 과정은 단순히 영어 단어와 한국어 뜻의 조합만으로는 불가능하다.

낮은 단계에서 높은 단계로 옮겨 가려면 단어를 글에서 여러 번 접하는 것이 관건이다. 그런 과정을 통해 글 속에서 단어가 사용되는 여러 사례와 의미를 알아 가는 것이 필요하다. 한 단어를 우연히 여섯 번 정도 듣거나 읽으면 기억에 남는다고 한다. 따라서 약간의 시차를 두고 우연히 여섯 번 정도 단어를 접하는 과정이 필요하다. 그런 과정은 '이 단어의 뜻이 뭐지?' 하면서 머릿속에서 의식적으로 단어의 의미를 끄집어내고, 단어에 대한 기억과 단어의 의미를 더욱 탄탄하게 한다. 즉, 학습자는 글을 읽는 과정에서 전에 공부했던 단어를 발견하고, 그 뜻을 생각하고 기억 속에서 끄집어내는 과정 속에서 단어를 자신의 것으로 만들게 된다. 그런 면에서 단어를 암기하기 위해서는 책을 자주 읽어야 한다. 수많은 단어와 우연히 자주 마주치기 위해 글을 읽어야 한다.

영어 문법은 아는데 왜 말이 안될까?

6장

우리나라에서 영어를 공부한 사람이라면 영어 문법은 알지만 말이 나오지 않는 경험을 한 번쯤 해봤을 것이다. 6장에서는 영어 문법을 아는 것이 왜 영어를 말하는 실력으로 이어지지 않는지, 영어를 학습할 때 사람들이 가장 궁금해하는 내용을 살펴보려 한다.

선언적 지식과 절차적 지식

문법은 좀 아는데 영어가 안되는 경우가 많다. 물론 문법을 정말 잘 알고 있는지도 확인이 필요하다. 하지만 설령 문법을 잘 안다고 해도 말이 잘 안되는 경우도 많다. 이 질문의 답은 이미 나와 있다. 학교 영어교육의 오랜 관행이 문제고, 학교에서 실시하는 평가가 문제고, 일상에서 영어를 사용해 본 경험 부족이 문제고, 우리나라가 영어와 한국어를 함께 쓸 수 있는 이중 언어 환경이 아니라는 것도 문제다.

문법은 알지만 영어가 안되는 문제를 이해하는 데 있어 핵심은 '선언적 지식declarative knowledge'과 '절차적 지식procedural knowledge'이다. 두 가지 차원의 지식을 제대로 구별하지 않고 엉뚱한 걸 배우기 때문에 문법은 아는데 영어는 안되는 현상이 나타난다.

선언적 지식은 알고 있는 내용을 말로 표현하고 설명할 수 있는 지식이다. 예를 들어 누가 "임진왜란은 언제 일어났죠?"라고 질문하면, "임진왜란은 1592년에 일어났죠. 일본의 도요토미 히데요시가 조선을 침략한 전쟁이에요."라고 알고 있는 것을 말로 표현할 수 있는 지식이다. 선언적 지식은 글을 읽거나 말을 들어서 익힌다. 시간을 조금 들여서 암기하면 비교적 빠른 시간 내에 해당 지식을 자신의 것으로 만들 수 있다. "임진왜란이 언제 일어났지. 1592년." 몇 번 반복하고 연습하면 비교적 짧은 시간에 내 것이 된다. 한번 알게 되면 이런 지식은 말이나 글로 표현할 수 있다.

절차적 지식은 선언적 지식과는 다른 형태다. 절차적 지식은 행동을 통해서 확인할 수 있다. 절차적 지식은 언어로 잘 표현이 안 된다. 예를 들어, 자전거를 잘 타는 사람에게 "당신은 어떻게 자전거를 잘 타죠? 자전거를 어떻게 타는지 말로 설명해 줄 수 있어요?"라고 물으면 그 사람은 뭐라고 설명할까? 그는 분명 한강의 아름다운 자전거 길을 시속 20km 이상으로 능숙하게 달리지만, 자전거를 어떻게 타는지는 잘 설명하지 못할 것이다. 그는 자전거를 타면서 주로 절차적 지식을 익혔고, 그렇게 몸으로 얻은 지식을 갖고 있기 때문이다.

"물속에서 어떻게 호흡을 하죠? 수영을 잘하고 싶은데, 저는 물속에서 호흡을 잘 못해요." 하루는 미국 가는 비행기 안에서 동료 교수에게 이런 질문을 했다. 난 수영을 잘 못한다. 특히 물속에서 호흡이 안된다. 동료 교수는 수영장에서 하는 수영뿐 아니라, 바다 수영도 잘했다. "어떻게 물속에서 호흡을 하죠? 숨을 물속에서 내쉬어야 하나요?" 순간 그는 이 질문에 답을 하지 못했다. 그는 "물속에서 숨을 어떻게 쉬지?" 하면서, 먼저 수영하는 행위를 몸으로 해 봤다. 자신의 행동을 관찰한 다음 나에게 설명했다.

누군가 갑자기 집 출입문 비밀번호를 물으면, 답이 잘 떠오르지 않는 경우가 있다. 하지만 출입문 앞에서 자판을 보는 순간 손가락이 자동으로 자판을 누르는 것을 경험한다. 명확하게 비밀번호가 무엇인지는 생각나지 않지만, 출입문 앞에 서면 손이 알아서 비밀번호를 누른다.

20년 경력의 능숙한 운전자가 긴급한 상황에서 브레이크를 밟아야 한다고 상상해 보자. 그는 먼저 '지금 상황이 매우 긴급하네.' 생각하고 브레이크를 밟지 않을 것이다. 같은 맥락에서 운전석 아래에 있는 두 개의 페달 중 오른쪽이 브레이크 페달인지 왼쪽이 브레이크 페달인지 물으면, 순간 헷갈린다. 이처럼 아무도 자동차 브레이크 페달의 위치를 의식적으로 생각하고 브레이크를 밟지 않는다.

하지만 의식적으로 생각하고 브레이크를 밟으면 어떻게 될까?

결과는 묻지 않아도 분명하다. 다행스럽게도 능숙한 운전자는 그 짧은 찰나에 무의식적으로 브레이크를 밟는다. 이 글을 쓰고 있는 지금도 브레이크 페달이 오른쪽인지 왼쪽인지 순간 헷갈리지만 난 30년 이상 운전을 해온 능숙한 운전자이기 때문에 그런 상황이 발생하면 자동적으로 왼쪽 브레이크 페달을 밟을 것이다. 이와 같이 어떤 행동을 해내려면 말로 표현할 수 있는 선언적 지식이 아니라 절차적 지식이 필요하다.

이 대목에서 분명히 할 것이 있다. 이 장에서 '지식'이라는 표현을 여러 번 썼다. 우리가 일상에서 '지식'이라고 할 때는 흔히 앞에서 설명한 선언적 지식처럼 언어로 정리되어 책에 담긴 것을 떠올린다. 하지만 여기서 말하는 지식은 그런 지식만 가리키는 것은 아니다. A라는 사람은 뭔가를 잘 못하는데, B는 그것을 잘한다. 이때 B는 A가 갖고 있지 않은 뭔가를 가지고 있다. 그것을 넓은 의미에서 '지식'이라고 본다. 그 무엇을 말로 표현할 수 있든 없든, 행동으로 해낼 수 있는 능력이 있다면 지식이 있는 것이다.

어떤 사람은 스케이트를 타지 못하고 어떤 사람은 스케이트를 탄다면, 스케이트를 타는 사람은 스케이트를 못 타는 사람이 가지지 못한 지식을 갖고 있다. 즉, 우리가 어떤 행동을 할 수 있으면, 비록 말로 표현할 수는 없지만 그런 행동을 가능하게 하는 어떤 지식을 갖고 있다고 보는 것이다. 그런 지식을 선언적 지식과 비교해서 절차적 지식이라고 한다.

두 가지 차원의 지식과 영어교육

영어 문법은 아는데 말은 왜 안되는 것인지를 설명하는 데 선언적 지식과 절차적 지식을 구분하는 것이 도움이 되는 이유는 뭘까? 이는 학교에서 가르치는 영어 문법과 관련이 있다. 학교에서는 영어 문법을 많이 가르치고, 영어를 배우려는 사람은 대개 문법부터 시작한다. 영어 문법은 대부분의 경우 말로 표현된다. "정관사다." "부정관사다." "동명사다." "수동태다." 이런 식이다. 이렇게 말로 설명해 주는 문법 내용이나 규칙은 일종의 선언적 지식이다. 학생들이 학교에서 영어 문법을 배웠다면, 그건 대부분 선언적 지식이다. 교사가 말로 설명하고 학생들은 의식적으로 그 내용을 암기한다. 그런 문법 설명은 말로 표현이 가능하고 말로 기억된다. "수동태는 be + 과거분사로 구성되어 있다." 이런 식이다.

학교에서 왜 이런 지식을 가르칠까? 이런 지식을 학생들이 알고 이해하면, 그걸 토대로 영어를 말하거나 글을 읽을 때 활용할 수 있다고 생각하기 때문이다. 그래서 많은 시간을 들여서 문법을 가르친다. 하지만 문법을 안다고 말을 능숙하게 할 수 있는 것은 아니다. 영어 문법을 설명하는 선언적 지식은 말로 표현되고, 학생들은 말로 표현된 내용을 암기하고 머릿속에 집어넣는다. 머릿속에 담긴 이런 문법 지식을 사용하려면 원래 배운 형태로 머릿속에 담긴 선언적 지식을 끄집어내야 한다. 예를 들어 "정관사 the는 유일무이한 것을 가리킨다."라고 설명을 듣거나 책에서 보고 익혔다면, the에 대한 지식은 '정관사 the는 유일무이한 것을 가리킨다', '유일한 것에 정관사 the를 붙인다'는 형태로 머릿속에 담겨 있을 것이고, 이런 내용을 다시 끄집어내서 사용하게 될 것이다.

"관계대명사의 목적격 앞에는 선행사가 있고, 그 뒤에 관계대명사 목적격이 나오고, 그 뒤에 주어가 나오고 목적어는 없다." 이렇게 듣고 이해하고 배웠으면 "관계대명사의 목적격에 대해서 알고 있는 지식을 다시 끄집어내 봐라."라고 할 때 배운 대로 이야기할 것이다. 이게 학생이 배운 내용이고, 관계대명사에 대해 갖고 있는 지식이기 때문이다.

어떤 사람이 영어 문법을 이렇게 알고 있다면, 빨리 말을 하거나 책을 읽어야 하는 상황에서 어떻게 할까? The를 보는 순간 '아, 이 the는 선생님이 그때 말씀하시기를 뭐 유일무이한 것을 가리킨다고 했지. 그럼 태양이 유일무이한 것이니 the sun이구나' 이렇게 생각할 가능성이 높다. 만약 영어로 대화를 해야 하는 상황에서 '관계대명사의 목적격을 써야 하는데, 선생님이 설명할 때 앞에 선행사가 있고, 그다음에 목적격 관계대명사라고 했으니, which를 쓰면 되겠지. 그다음에 주어가 나오니까, I read a book which…' 이렇게 생각하면 말을 제대로 할 수 있을까? 그렇게는 상대방과 대화가 되지 않을 뿐만 아니라, 느릿느릿 머뭇거리며 말하게 될 것이다. 하고 싶은 말이 있어도 영어가 제대로 입 밖으로 나오지 않을 것이다.

우리나라 학교 영어교육은 선언적 지식을 설명하고 익히는 데 너무 많은 시간을 낭비한다. 학교나 학원에서 배우는 선언적 형태의 영어 문법이 영어를 이해하고 표현하는 데 필요한 모든 것도 아니다. 그런 영어 문법은 영어를 말하고 이해하는 데 필요한 내용 중에서 극히 일부분일 뿐이고, 그마저도 정확하지 않은 경우가 많다.

문제는 청소년이나 성인들이 의식적으로 뭔가 배울 때, 이런 선언적 형태의 지식을 통해서 배우는 데 익숙하다는 점이다. 학교라는 공간에서는 이런 선언적 지식 형태로 뭔가를 가르치고 배운다. 아주 오래된 관행이다. 그래서 교사나 학생은 애매하고 말로 분명히 설명이 안 되는 상황을 불편해한다. 영어 교사나 강사가 관계대명사나 수동태를 말로 설명해 주면 학생은 '아, 이제 내가 아는 거 같다', '뭔가 할 수 있을 것 같다'는 느낌을 받는다. 하지만 이런 지식이 영어를 듣거나 말하는 데 얼마나 도움이 될까?

영어 문법을 대부분 선언적 지식의 형태로 알고 있다면 그 지식이 영어를 하는 데 기여할 것인가? 이 질문에 많은 학자들은 부정적이다. 예를 들어, 컴퓨터 자판을 익힐 때 선언적 지식이라고 해서 'ㅠ' 자는 자판 맨 아래에 있고, 'ㅍ' 자 옆에 있고, 'ㅜ' 자보다 왼쪽에 있고 이런 식으로 자판에서 'ㅠ' 자의 위치를 배우고 기억한다면, 컴퓨터 자판을 능숙하게 칠 수 있을까? 설령 칠 수 있다 해도 많은 시간이 걸릴 것이다. 컴퓨터 자판을 바라보면서 10초에 한 자씩 천천히 자판을 찾아 독수리 타법으로 치는 상황이지 않을까?

자판을 처음 익힐 때는 그렇게 배울지 모르지만, 능숙해지려면 다른 훈련이 필요하다. 행동으로 옮겨서 자판을 몸소 쳐 봐야 한다. 명시적이고 선언적인 지식을 반복해서는 나아지는 것이 없다. 자판을 치는 시간이 길어지면서 절차적 지식이 쌓여야 한다. 능숙해지면 자판을 칠 때 초기에 배운 선언적 지식은 더 이상 생각하지 않는다.

영어를 익히고 배우는 것도 마찬가지다. 어떤 사람이 영어에 대한 선언적 지식을 다양하게 가지고 있다고 해보자. 영어를 말할 때 선언적 지식을 사용해서 '이것이 관계대명사네, 이것이 수동태 문장이네', 의식적으로 생각하는 사람이 영어를 얼마나 능숙하게 말할 것인가? 자판을 칠 때마다 매번 'K는 어디에 있고' 하는 식으로 의식적으로 자판을 찾아 가면서 문서를 입력하는 사람이 얼마나 능숙할 것인가? 같은 이야기다.

결국, 영어를 배울 때도 선언적 지식과 절차적 지식의 특성을 잘 이해해야 한다. 영어라는 말을 잘해 보고 싶다면, 선언적 지식을 뒤로하고 절차적 지식을 익혀야 한다. 영어로 된 글을 읽거나 말을 하기 위해 뇌에 필요한 지식은 절차적 지식이다. 어떤 사람이 영어로 말하고 듣고 이해할 수 있다면, 그 사람의 뇌 어딘가에는 절차적 지식이 있다는 의미다. 그 절차적 지식은 그가 몸소 직접 몸으로 부딪히며 영어를 해본 경험을 통해 얻은 지식이다.

경상도 방언에서는 "니 밥 묵었나?", "니 서울서 왔나?", "니 어데 가노?"라고 묻는데, 어떤 경우는 '-노'로 끝나고 어떤 경우는 '-나'

로 끝난다. 의문문 중에는 '네/아니요'로 답할 수 있는 형태가 있고, Wh-Question이라고 해서 구체적인 내용을 묻는 형태가 있다. 경상도 방언에도 역시 두 가지 형태의 의문문이 있다. '-노'로 끝나는 의문문은 경상도 방언에서는 Wh-Question이며, '-나'로 끝나면 '네/아니요'로 답할 수 있는 의문문이다.

어떤 경우에 '-노'를 쓰고, 어떤 경우에 '-나'를 쓰는지 경상도 사람들에게 물으면 이런 차이가 있는지 의식하지 못할 뿐만 아니라 제대로 설명하지 못할 것이다. 그 사람이 국어학을 전공한 경우가 아니라면 그런 차이가 있는지조차 의식하지 못하고 살았을 가능성이 높다. 즉, 경상도 말을 할 수 있는 절차적 지식은 있는데 자신이 하는 행동을 말로 설명할 수 있는 선언적 지식이 없는 경우다.

우리가 영어를 배우는 방식은 정반대. 영어 문법이라는 선언적 지식은 갖고 있는데, 영어를 말할 수 있는 절차적 지식은 가지고 있지 않다. 학교에서는 영어에 대한 잡다한 선언적 지식을 명시적으로 가르친다. 영어 교사가 설명하는 내용들은 대부분 선언적 지식이다. 사회나 국사나 과학 같은 과목에서는 개념을 설명할 때 선언적 지식이 유용하지만 영어라는 과목은 성격이 다르다.

선언적 지식과 절차적 지식은
습득하는 방식이 다르다

선언적 지식과 절차적 지식은 습득하는 방식이 다르다. 선언적 지식은 설명을 듣고 글을 읽으면서 알게 되는 것이라면, 절차적 지식은 행동으로 해보면서 얻어지는 지식이다. 선언적 지식은 빨리 배울 수 있고 즉시 확인도 가능한 반면 쉽게 잊어버린다. "임진왜란이 몇 년도에 일어났나?"를 중고등학교 시절 열심히 배웠지만 이후 역사에 관심을 갖지 않고 지내면 잊어버리게 되는 것과 같다.

반대로 절차적 지식은 빨리 배울 수 없다. 배우는 사람이 몸으로 익혀야 하고, 익힌 내용을 행동으로 보여 줘야 하기에 뇌의 어딘가에 행동으로 옮길 수 있는 지식으로 스며들어야 한다. 따라서 시간이 걸린다. 태권도, 스키, 수영, 운전, 피아노, 발레, 배드민턴, 축구, 성악을 배울 때는 교실에 가만히 앉아서 말로만 배우지 않고 몸으로 익혀야 한다. 강사가 말로 설명하는 선언적인 지식을 듣고 드럼을, 사이클을, 커피 내리는 기술을, 글 쓰는 것을 익힐 수 없다. 하지만 절차적 지식은 한번 몸으로 익히면 잘 잊혀지지 않는다. 운전을 10년 정도 하고 이후 10년 동안 운전을 하지 않아도 다시 운전대를 잡으면 어느 순간 운전을 하게 되는 것처럼 말이다.

영어도 마찬가지다. 영어를 몸소 듣고 말하고 이해하는 행위를 통해 절차적 지식을 쌓아야 한다. 영어라는 말을 잘하고 싶으면 직접 해봐야 익숙해진다. 배드민턴을 말로만 듣고 1년, 2년, 3년, 4년, 10년을 배웠다고 배드민턴을 잘 칠 수 없는 것과 같다. 학생들이 영어 문법을 배웠지만 영어를 말해 본 적이 없다면, 10년 내내 교실에 앉아서 배드민턴 강의를 들은 것과 같다.

그런 상황과 학교에서 영어를 가르치는 방식은 매우 유사하다. 학교에서는 선언적 지식을 위주로 열심히 문법을 말로 설명하고 가르친다. 학생이 스스로 말을 하거나 글을 읽을 때, 이 선언적 지식이 어느 정도 얼마나 도움이 될지 알 수 없다. 하지만 그걸 배우는 데 너무 많은 공을 들이고 너무 많은 시간을 보낸다.

학교는 왜 그런 방식으로 영어를 가르치는 데 익숙할까? 그래야 교사가 수업을 진행하기 편하기 때문이다. 교사가 영어를 자연스럽고 자신 있게 말하지 못하니, 우리말로 문법을 설명하는 것이 수업을 진행하기 편한 것이다. 이는 일제강점기에 일본에서 도입된 영어교육 방식이다. 영어를 번역 위주로 가르치는 것도 마찬가지다. 학생이 글을 읽고 번역하는 것이 아니라, 마치 어떤 개념이나 내용을 설명하듯이 교사가 문법을 설명하고 번역해 준다.

학교에서 뭔가 배우는 상황을 생각해 보면, 학생들은 책상에 조용히 앉아 있고 교사는 교탁에서 열심히 설명한다. 영어교육도 대개 그런 식으로 진행된다. 학부모들도 "학교 가서 선생님 말씀 잘 들어라. 열심히 듣고, 열심히 받아 적어라."라고 말한다. 학생은 앉아서 열심히 듣고 교사는 열심히 뭔가를 설명하고, 영어를 배우고 가르치는 방식도 크게 다르지 않다.

　의과대학 교육을 보면 본과 1-2학년은 선언적 지식을 주로 배운다. 대개 책과 강의 위주로 수업이 진행되고 이 시기에 여러 가지 의학 지식을 집중적으로 배운다. 본과 3-4학년이 되면 병원에 가서 직접 실습을 한다. 이후에 장기간 인턴-레지던트 과정을 거친다. 의사가 되는 과정에서 실습과 견습을 하는 기간은 상당히 길다. 한마디로 의학 교육은 선언적 지식을 익히는 기간과 의사로서 판단하고 수술을 하고 몸으로 뭔가를 보여 줘야 하는 절차적 지식을 익히는 기간으로 구분할 수 있다.

　학습은 '배울 학學' 자에 '익힐 습習' 자가 결합된 말이다. 풀어 보면 배우고 익히는 것이다. 여기서 '익히는 것'은 절차적 지식을 습득하는 것이라고 볼 수 있다. 배움에는 익히는 과정이 필요하다. 익힘의 과정은 몸으로 익히는 것이고, 몸으로 익힌다는 것은 행동을 통해서 배우는 것이며, 그런 과정을 통해 무언의 절차적 지식을 뇌에 쌓는 것이다. 운전자가 초보일 때는 정신을 집중하고 앞만 보며 조심조심 운전하지만 능숙해지면 다양한 정보를 빠르게 처리할 수 있다. 오랜 기간의 거리 운전을 통해서 뇌에 절차적 지식을 만들었기 때문에 가능한 것이다. 운전이 능숙해지면 모든 것을 자동으로 빠르게 처리할 수 있다. 원어민들이 능숙하게 모국어를 말하는 것처럼 말이다.

　영어를 잘한다는 것은 머릿속에 영어를 잘할 수 있게 하는 절차적 지식이 있다는 뜻이며, 그 지식은 오랜 기간 체험을 통해 몸소 익한 것이다. 예를 들어 "I'm hungry."라는 말을 한다고 생각해 보자. 처음에는 각 단어를 떠올려야 되고, 각 단어의 뜻과 소리를 생각해야 하며 그것을 하나의 문장으로 엮어야 한다. 더불어 전체를 자연스럽고 부드럽게, 발음과 억양을 넣어서 표현해야 한다. 모든 내용을 순간적으로 엮어서 소리와 함께 입에서 자연스럽게 말할 수 있어야 한다. 이 모든 과정은 순식간에 아주 유연하게 일어나야 한다. 그래야 말을 유창하게 하는 것이다.

그렇게 되기 위해서 뭘 해야 할까? 답은 간단하다. 말을 많이 해 봐야 한다. 운전을 능숙하게 하려면 운전 이론을 공부할 것이 아니라 도로에서 운전을 많이 해봐야 한다. 영어를 능숙하게 잘하려면 영어를 말해 볼 수 있는 기회를 많이 가져야 한다. 먼 미래에 영어에 필요한 모든 절차적 지식이 담긴 컴퓨터 칩을 머릿속에 넣으면 마취에서 깬 순간 영어를 바로 유창하게 할 수 있는 그날이 올 때까지, 몸으로 열심히 영어를 듣고 읽고 말해 보는 경험을 해야 한다. 아무리 생각해도 다른 대안은 없다. 하지만 학교 영어교육에는 그 부분이 빠져 있으니 선언적 지식만 잔뜩 배우고 학교를 나오는 상황이다.

오류를 용납하지 않는 영어교육

우리나라 영어교육에서는 절차적 지식을 습득할 기회가 많지 않다. 설령 그런 기회가 주어진다고 해도 영어를 배우는 과정에서 실수를 용납하지 않는다. 절차적 지식을 습득하는 과정에서 서툰 행동을 하는 것은 너무 당연하지만, 학교에서는 이런 상황이 용납되지 않는다. 배드민턴 초보자가 설명을 듣고 코트에서 몇 번 연습을 했다고 이용대 선수처럼 잘할 수 있을까? 어색하고 생각만큼 잘 안되고 실수를 연발하기 마련이다. 스키나 수영을 배우거나 피아노를 배울 때도, 영어를 익히고 배울 때도 마찬가지다. 절차적 지식을 익히는 과정은 제대로 하지 못하는 상황을 거치면서 익숙해지고 능숙해지는 것이다. 그것이 자연스러운 과정이다.

하지만 학교 영어교육에서는 그런 과정을 생략한다. 실수를 하면 안 된다. 수행평가로 학생들에게 영어로 말을 하는 과제를 주는 경우, 교사들은 학생들의 말에 오류가 몇 개나 되는지, 실수를 몇 개나 했는지, 얼마나 완벽하게 발음을 했는지를 평가한다. 영어 작문도 마찬가지다. 오류가 없을수록 점수가 높아진다. 하지만 이제 갓 영어를 배우는 학생들이 어떻게 실수 없이 하고 싶은 말을 할 수 있을까? 어떻게 한번에 완벽하게 영어를 할 수 있을까? 운전을 처음 배우는 사람이 하루 만에 완벽한 모습으로 운전을 할 수 있다고는 상상할 수 없다. 하지만 학교에서 영어를 가르칠 때는 그렇게 생각하고 행동해야 한다고 믿는다. 대단히 모순적인 상황이다.

선언적 지식은 배운 직후 정확성을 바로 확인할 수 있다. 잘못 알고 있는지, 제대로 이해하고 있는지 말로 확인이 가능하다. 하지만 절차적 지식은 익혔다고 해서 정확하게 실수 없이 바로 해낼 수 없다. 몸으로 익히는 행위는 모두 그렇다. 자전거를 하루 배워서 능숙하게 탈 수 없다. 완벽한 행동을 기대하는 것이 잘못이다. 골프를 하루 이틀 배웠다고 완벽한 스윙을 기대할 수 없다. 영어도 마찬가지다. 듣기나 말하기는 금방 잘할 수 있는 것이 아니다. 실수는 흔한 것이고 오류도 흔한 것이다. 그걸 인정해야 한다. 하지만 학교는 대개 선언적 지식을 가르치고 평가하는 데 익숙하다 보니 영어학습에 필요한 절차적 지식도 그런 차원에서 가르치고 평가한다.

학교 영어교육은 문법을 가르치는 데 많은 시간을 보낸다. 명시적이고 선언적인 지식을 익히게 하는 데 많은 시간을 들이는 것이다. 학생들은 학교에서 10년간 700-900시간을 들여 영어를 배우지만, 실질적으로 교실에서 글을 읽거나, 원고가 없는 상태에서 영어를 듣고 말하거나, 제시된 정보가 없는 상태에서 영어로 글을 쓰는 경험은 부족하다. 그런 과정을 통해서 학생들이 말을 하고 듣고 글을 읽는 데 필요한 절차적 지식을 얻을 텐데 그럴 기회가 별로 없다.

학교에서는 항상 정확한 것, 정답, 올바른 것, 오류가 없는 것을 기대한다. 학생들은 아직 능숙하지 않으니 글을 읽다 보면 오류가 생길 수 있고, 말을 하다 보면 실수를 할 수 있고, 듣다 보면 잘못 알아들을 수 있고, 글을 쓰다 보면 문법적으로 틀릴 수 있는데, 그런 상태를 잘 용납하지 않는다. 실수를 용납하지 않으니 실수를 할 때마다 점수가 깎인다. 학생들이 완벽한 행동을 하기를 기대하고, 학생들도 스스로 완벽한 행동을 보여 줘야 한다고 생각한다. 그러니 실수가 두려워서 몸으로 잘 하려고 하지 않는다. 결국 절차적 지식을 습득할 기회를 잃게 된다.

진정한 영어 능력을 평가하는 방법

자신의 진정한 영어 능력이 어느 정도인지 스스로 테스트해 볼 수 있는 방법이 있다. 진정한 영어 회화 능력이 궁금하다면, 조용히 혼자 화장실에 가서 거울을 보고 하고 싶은 말을 영어로 어느 정도 할 수 있는지 보면 된다. 영어로 한마디도 못하거나 30초 정도 말하고 할 말이 없어지거나 말은 하고 싶은데 영어로 표현할 수 없다면, 그것이 진정한 본인의 영어 회화 능력이다.

진정한 영어 회화 능력은 원고 없이 말하는 능력이다. 실제 상황에서는 원고를 가지고 다니면서 그걸 보고 영어로 대화할 수 없다. 말은 그렇게 하는 게 아니다. 원고 없이 내가 얼마나 자연스럽게 영어로 표현할 수 있는지, 그 영어를 주변 사람들이 얼마나 알아들을 수 있는지 테스트해 보자. 자신이 절차적 지식을 얼마나 갖고 있는지 확인할 수 있다.

외워서 말하는 것은 진정한 영어 능력이 아니다. 그런 경우 절차적 지식은 거의 없다고 볼 수 있다. "Where are you from?" "My name is Byungmin Lee." "How are you?" "I'm sorry." "How much is it?" 영어 표현을 외워서 이렇게 말하는 것은 영어 초보자가 하는 행동이다. 초보 영어학습자는 외운 표현 위주로 알아듣고 그것만 말할 수 있다. 가끔 원어민들은 "한국 사람들은 처음에는 영어를 유창하게 잘하는 것 같은데, 1분만 지나면 영어를 너무 못한다."라고 말한다. 1분 동안 비교적 유창하게 외운 영어 표현을 막 쏟아 냈기 때문이다. 그다음이 문제다. 외운 표현을 다 사용했으니 그때부터는 절차적 지식을 이용해서 문장을 만들어야 한다. 하지만 원고 없이 영어를 말해 본 경험이 거의 없고, 절차적 지식도 머릿속에 없으니 말문이 막히는 것이다.

영어에 능숙하다는 것은 문법을 의식하지 않고, 무의식적이고 자동적으로 표현하고 싶은 말을 하는 것이다. 그런 능력은 절차적 지식이 잘 만들어져 있을 때 가능하다. 절차적 지식을 쌓는 데는 시간이 걸린다. 꾸준히 몸으로 훈련해야 하고, 시행착오를 거쳐야 한다. 서툴고, 실수하고, 다시 해보고 이런 것들이 반복되면서 조금씩 나아지는 것이다. 물론 그 과정에서 도움을 주는 코치도 필요하다. 코치는 무척 중요하다. 더불어 영어를 활용하고 써 보고 말해 보고 읽어 보고 들어 볼 수 있는 기회가 많아야 한다. 그렇게 몸으로 직접 해보는 경험을 통해서만 영어를 하는 데 필요한 절차적 지식이 만들어지고 쌓이고 능숙해진다. 독수리 타법으로 자판을 한 자 한 자 두드리던 사람이 문서를 많이 쳐봄으로써 능숙해져서 자판의 위치를 의식적으로 생각하지 않는 것처럼 말이다.

　영어를 말할 때 필요한 지식은 선언적 지식이 아니라 절차적 지식이다. 많은 사람들은 영어학습 과정에서 몸소 영어를 해보면서 절차적 지식을 익힌 경험이 거의 없다. 그래서 영어 문법은 알지만 말이 잘 안된다. 다들 영어 문법과 표현의 정확성만 강조하고, 문법에 대한 선언적 지식을 가르치면 영어가 될 거라고 생각한다. 하지만 차를 끌고 제대로 도로를 주행해 본 경험이 한 번도 없다면, 직접 차를 운전을 할 수 있는 절차적 지식이 없는 것이다. 영어를 할 수 있는 절차적 지식도 실제 상황과 맥락 속에서 영어를 말하는 경험을 통해 익혀야 한다. 그 과정에서 절차적 지식이 형성되고 영어에 조금씩 능숙해진다. 이게 답이다.

영어를 잘한다는 건 무슨 의미일까?

7장

사람들은 어떤 상황에서 '영어를 잘한다'고 표현할까? 7장에서는 '영어를 잘한다'고 말할 때 사람들이 갖는 편견을 살펴보며, 우리나라에서 훌륭한 영어 실력을 갖추고 있다는 것은 무엇인지 알아보려 한다.

영어를 잘한다는 것

누군가 '영어를 잘한다'는 의미가 무엇인지 물으면 머리가 복잡해진다. 중학교를 입학하던 해부터 영어를 배우기 시작해서 영어를 업으로 삼아 50년 가까이 평생 영어를 하고 있는데도 스스로 부족한 점이 많다고 느끼기 때문이다. 그렇게 생각하면 대체 '영어를 잘한다'는 것이 뭔지 만감이 교차한다.

언어의 대표적인 네 기능은 듣기, 읽기, 말하기, 쓰기다. "영어를 얼마나 잘하는데?"라는 막연한 물음과 "영어로 읽기, 듣기, 쓰기, 말하기 이 네 가지를 얼마나 잘하는데?'라는 물음에 대한 답은 분명 차이가 있다. 필요한 상황에서 무리 없이 영어를 사용할 수 있으면 영어를 잘한다고 할 수 있을 것이다. 필요한 맥락에서 '말을 할 수 있는가', '말을 듣고 이해할 수 있는가', '글을 읽고 이해할 수 있는가', '글을 쓸 수 있는가'를 구체적으로 세분하면 '영어를 잘한다'는 것에는 보다 명확한 구분이 필요함을 알 수 있다.

학교 영어교육에서 시험을 보는 상황이라면 '영어를 잘한다'는 의미는 영어 시험을 잘 본다는 것으로도 이해할 수 있다. 하지만 영어 시험을 잘 보는 학생이 반드시 영어를 잘하는 건 아닐 수도 있다. 우리나라 학교 영어 시험의 독특한 성격 때문에 해외에서 몇 년씩 살다 온 아이들도 학교 영어 시험은 잘 못 보는 경우가 있다. 절대적인 기준에서는 외국에서 2-3년 살다 온 아이들이 영어를 잘하겠지만, 학교 영어교육에서는 우리나라 시험에 익숙하지 않아 영어 시험에서 비교적 낮은 성적을 받기도 한다.

'영어를 잘한다'라는 말의 의미는 맥락에 따라 정말 다양하다. 영어 학습의 종착점이 무엇이고 어떤 수준이 영어를 잘하는 것인지 정하는 것도 복잡하다. 한 언어를 공부할 때 알아야 하고 배워야 할 내용은 끝이 없다. 새로운 기술, 새로운 내용, 새로운 표현, 새로운 어휘가 매일매일 영어로 쏟아져 나오는 상황이다. 그런 것들을 다 배워야 한다면 그 여정은 끝이 없다.

물론, 기본적으로 영어를 잘하는 것은 사용할 수 있는 어휘량에 달려 있다. 언어라는 것은 단어의 조합이고 언어를 구성하는 핵심은 단어이기 때문이다. 셰익스피어가 전체 작품에서 사용한 단어는 3만 개가 넘는다. 어떤 사람은 그가 3만 5,000개 이상의 단어를 사용했다고 말하기도 한다. 지금도 영어에서는 단어를 정의할 때 셰익스피어의 작품에서 특정 단어가 어떤 의미로 처음 사용되었다는 식으로 설명하는 경우가 많다. 지금껏 셰익스피어의 작품이 훌륭한 작품으로 손꼽히고 널리 읽히는 이유 중 하나다.

개인적으로도 영어를 배울 때 시간과 품이 가장 많이 들어가는 것은 단어라고 생각한다. 아파트 엘리베이터나 지하철에서는 종종 중고등학생들이 단어장을 꺼내 놓고 열심히 단어를 외우는 모습을 본다. 대견스러우면서도 한편으로는 안쓰럽다. 우리나라에서 영어를 배운 거의 모든 사람들은 그런 과정을 거쳤을 것이고, 그만큼 영어 단어를 익혀 영어 실력의 기본기를 쌓는 일은 많은 시간을 필요로 한다.

영어로 읽기와 영어로 말하기

영어로 된 정보, 영어로 된 글의 양은 그야말로 어마어마하다. 누구는 매해 영어로 발간되는 책이 50만 권이라고 하고, 또 누구는 400만 권 정도 된다고 한다. 구글 북스 Google Books 는 미국과 영국의 주요 대학 도서관이 소장하고 있는 책을 스캔해서 제공한다. 그 수많은 글을 유창하게 읽고 활용할 수 있는 것도 '영어를 잘한다'고 볼 수 있을 것이다.

인터넷 공간에서도 영어가 많이 쓰인다. 인터넷이 막 등장하던 시기에는 영어가 전체 인터넷 정보의 90%를 차지했던 적도 있었다. 최근에는 다른 언어가 많이 늘어서 영어 정보는 약 40% 정도라고 한다. 그럼에도 사람들이 많이 방문하는 사이트는 50% 이상 영어로 되어 있다. 위키백과도 영어가 54-55%를 차지한다. 한글 사이트는 0.7%로 전 세계에서 17위 정도이고 일본어는 3.7%, 중국어는 1.4% 정도다. 언어별 인터넷 정보량은 그 나라의 국가 경쟁력이나 GDP 순위와 엇비슷하다.

영어로 된 글을 잘 읽는다면, 50%에 달하는 영어 사이트를 잘 활용할 수 있는 사람이지 싶다. 인터넷상으로 우리말 0.7%만을 이해하는 사람과, 영어 50%를 추가로 활용할 수 있는 사람은 분명 차이가 있다. 정보의 양뿐만 아니라 질을 생각하면, 그 차이는 더욱 벌어진다.

얼마 전 동료 교수와 대화를 나누는 중에 지구의 운동과 관련해서 '세차 운동'이라는 표현을 들었다. 처음 들어 보는 표현이었다. '차를 세차하는 것도 아닐 텐데, 세차 운동이 뭐지?'라고 생각했다. 챗 GPT에 한글로 세차 운동을 물어보니, 자동차 세차를 하는 데 필요한 운동을 설명했다. 하지만 챗 GPT에 영어로 질문해 보니, 지구과

학에서 세차 운동이 무엇인지 정확하게 설명을 해줬다.

영어로 말을 잘한다는 건 어떤 의미일까. 93회 미국 아카데미 시상식에서 윤여정 배우가 여우 조연상을 받았다. 윤여정 배우는 많은 청중들 앞에서 영어로 수상 소감을 이야기했다. 시상식에 참석한 많은 미국인들은 그녀의 수상에 열광적인 박수를 보냈다. 하지만 윤여정 배우에게 박수를 보낸 것이 그녀가 원어민처럼 유창하게 영어를 했기 때문은 아닐 것이다. 오준 전 유엔 주재 한국 대표부 대사가 남북한 관계에 대해 유엔 안보리 회의에서 연설을 했을 때도 사람들의 감동과 반향을 불러일으켰다. 하지만 당시 많은 사람들은 오준 대사의 유창한 영어 발음과 화려한 문장에 반응한 것이 아니라, 그 연설에 담긴 메시지에 공감했다.

언젠가 EBS에서 흥미로운 실험을 한 적이 있다. 한국 학부모와 영어 원어민을 앉혀 놓고, 커튼으로 TV 화면을 가린 채 반기문 전 유엔 사무총장의 영어 연설을 들려준 뒤 영어 실력을 평가하도록 했다. 실험에 참가한 학부모들은 '촌스럽다', '발음이 뚝뚝 끊긴다'는 등의 이유를 들어 영어를 못하는 사람이라고 평가했다. 반면에 원어민들은 한결같이 "높은 수준의 단어를 사용하며, 영어 표현이 수려하고 영어를 잘하는 사람"이라고 평가를 했다. TV 화면을 가린 커튼을 걷자 학부모 대부분은 깜짝 놀라며 민망한 표정을 지었다.

보통 발음이 좋고 유창하면 영어를 잘한다고 생각한다. 하지만 항상 그런 것은 아니다. 물론 영어 발음을 원어민처럼 잘하면 좋겠지만, 발음이 유창해도 전달하고자 하는 내용이 탄탄하지 않으면 영어를 잘한다고 하긴 어려울 것이다. 천천히 더듬더듬 영어를 해도 말하고자 하는 메시지가 의미있다면 오히려 그 사람이 영어를 더욱 잘한다고 할 수 있다.

원고를 외워서 읽는 것은
진짜 영어로 말하는 것이 아니다

나는 학기마다 학생들에게 두 번의 조별 발표를 시킨다. 4명이 한 조가 되어 15분 정도의 과제 내용을 영어로 발표하고, 발표가 끝나면 학생들과 영어 토론을 진행한다. 서울대학교 영어교육과 학생들이니 영어 능력은 전반적으로 우수한 편이다. 영어 발표도 기본적으로 조리 있게 잘한다. 대부분 학부 4학년이 수강하는 수업이기 때문에 영어 발음도 훌륭하다. 문제는 대부분의 학생들이 원고를 보면서 영어 발표를 한다는 점이다. 미리 작성한 영어 원고를 그대로 읽는 학생도 있고, 눈치껏 원고를 보면서 발표하는 학생도 있다.

발표가 끝나고 자유 토론 시간이 되면 상황은 반전된다. 발표할 때는 원고를 읽다 보니 유창하고 자연스럽지만 토론을 할 때는 원고가 없으니 머뭇거린다. 말하고자 하는 단어가 생각이 안 나서 옆 학생에게 물어보기도 한다. 일방적으로 영어 발표를 할 때와는 완전히 다른 모습이다.

왜 그럴까? 우리 학생들은 자신의 생각을 원고 없이 영어로 말해 본 경험이 별로 없다. 영어 발표를 할 때도 원고를 써서 오류 하나 없이 완벽하게 말하는 훈련을 주로 했다. 어떤 주제를 가지고 원고 없이 자유롭게 토론하고 표현해 본 경험도 별로 없다. 원고가 없으면 어느 순간 영어를 하는 데 머뭇거린다. 6장에서 절차적 지식이라는 표현을 썼는데, 그런 절차적 지식이 이 학생들의 경우에도 아직 잘 형성이 안 된 것이다. 물론 학생들 중에는 다른 경험을 통해 절차적 지식을 쌓고 영어를 유창하게 구사하는 경우도 많다. 하지만 영어 원고를 읽는 것은 영어를 잘하는 것이 아니다. 유창하게 소리 내서 원고를 읽은 것뿐이고, 진정 영어로 말을 한 것은 아니다.

대통령이 유엔에서 연설을 하거나, 미국 의회에서 연설을 하면 우리나라 언론에서는 대통령의 영어에 대해 이런저런 평가를 한다. 하지만 대통령들은 대개 영어 원고를 읽는다. 그러니 "유창하게 글을 잘 읽더라, 상대방이 알아들을 수 있는 발음으로 잘 읽더라."라고 말할 수 있을지 모르지만, 실제 영어를 얼마나 잘하는지는 평가할 수 없다. 영어를 말하는 능력은 원고 없이 얼마나 유창하게, 또한 오랫동안 하고 싶은 말을 할 수 있는지에 따라 결정되는 것이다. 그것이 진정한 영어 회화 능력이다.

영어로 처리할 수 있는 상황이 많을수록 영어를 잘한다고 말할 수도 있다. 원어민이라도 어떤 상황에서는 적절한 영어를 구사하지 못할 수 있기 때문이다. 예전에 〈귀여운 여인Pretty Woman〉이라는 영화가 있었다. 가난한 여주인공이 백만장자 남자와 사랑을 하게 되는 현대판 신데렐라 영화다. 둘은 어느 날 다른 친구들과 근사한 식당에 간다. 여주인공은 평생 그런 식당에 가본 적이 없어서 호화로운 식당에서 어떻게 행동해야 하고 무슨 말을 해야 할지 몰라 허둥댄다. 상갓집에 한 번도 가보지 않은 사람이 상갓집에서 인사를 어떻게 해야 할지 모르는 경우와 비슷하다. 어떤 면에서 보면 이는 영어를 배우는 사람이 특정한 상황에서 영어를 해야 하는 경우와 유사하다. 그런 측면에서 영어를 잘하는 사람은 다양한 상황에서 영어로 표현할 수 있는 많은 레퍼토리를 갖고 있는 사람이다.

예를 들어 식당에서 음식을 주문할 때 필요한 영어는 간단하게 몇 마디만 배우면 할 수 있다. 하지만 어느 날 근사한 레스토랑에서 기분 좋게 식사를 마치고 계산을 하려고 하는데 지갑이 없는 것을 알게 되었다면 어떻게 해야 할까? 그런 상황에서 "호텔 방에 지갑을 놓고 나왔어요. 갑자기 나오는 바람에 지갑을 두고 나온 것 같은데, 호텔에서 지갑을 가져와서 식사비를 지불하겠습니다. 양해를 좀 부탁합니다."라고 영어로 말할 수 있는 사람과 그렇지 않은 사람이 있다면, 전자가 훨씬 영어를 잘하는 사람일 것이다.

영어를 잘한다, 문법적으로 정확하다?

문법에도 '잘하는 것'과 관련된 편견이 있다. 예를 들어 'went'라고 말하는 사람과 'goed'라고 말하는 사람이 있다고 해보자. 여기에서 'went'는 go의 과거형이고 원래 go의 과거는 이렇게 쓰는 것이 맞다. 하지만 'goed'를 쓰는 경우를 종종 볼 수 있다. 나는 'goed'를 쓴 사람이 'went'를 쓴 사람보다 영어를 더 잘할 가능성이 있다고 생각한다. 'went'라고 말하는 사람은 단순히 머릿속에 있는 지식을 끄집어 내서 말했을 수 있지만, 'goed'를 쓴 사람은 영어에서 과거시제를 표현할 때 동사원형에 -ed를 붙인다는 규칙을 적용해서 'goed'라는 표현을 만들어 낸 것이기 때문이다. 전자는 외워서 말을 했고 후자는 규칙을 적용하여 표현했다면, 후자의 영어 능력이 훨씬 우수하다고 할 수 있다.

    강의 시간에 학생들과 논의해 보면 아직도 많은 학생들이 영어를 외워야 되는 것으로 생각한다. 하지만 외워서 하는 영어에는 한계가 있다. 인간은 말을 할 때 모든 문장을 머릿속에 담아 놓고 말을 하지 않기 때문이다. 모든 표현을 머릿속에 담아 두는 것은 효율적이지 못할뿐더러 새로운 상황이 발생했을 때 대처할 수도 없다. 인간은 그런 식으로 언어를 사용하도록 진화하지 않았다. 인간은 언어를 문장 단위로 저장하지 않는다. 인간의 뇌는 훨씬 효율적인 방식으로 언어 정보를 처리하도록 진화했다. 단어는 당연히 기억해서 머릿속에 담고 있지만, 문장을 구성하는 규칙으로 단어를 조합해서 다양한 표현을 무한히 만들어 낸다. 그 규칙은 '문법'이라고 표현할 수 있다. 물론 여기서 말하는 문법은 학교에서 배운 선언적 지식으로서의 문법이 아니라, 머릿속에 갖고 있는 절차적 지식을 가리킨다. 다시 말해 우리는 다양한 문장 표현을 머릿속에 외우고 있지 않다. 누군가가 외운 표현을 잔뜩 갖고 있다면 그 사람은 초보일 가능성이 높다.

우리는 자동화되어 있는 시스템처럼, 즉각적으로 활성화되는 절차적 지식을 동원해서 그때그때 상황에 맞는 말을 표현한다. 영어도 그렇게 하는 사람이 잘한다. 상황에 맞게 단어를 적절하게 조합해서, 적절하게 표현해 낼 수 있는 사람이 영어가 유창한 사람이다.

인간의 언어 능력을 이렇게 설명할 수도 있다. 언어는 개별 단위들이 결합된 체계discrete combinatorial system다. 작은 단위로 구분되는 다양한 개체들이 여러 가지 방식으로 조합되는 시스템이 언어다. 소리 하나하나를 조합해서 단어를 만들고, 단어 하나하나를 조합해서 문장을 만들듯이 말이다. 이 개체 하나하나는 소리일 수도 있고 단어일 수도 있다. 머릿속에 있는 이런 개체들에 일정한 규칙을 적용해서 무한한 조합을 만들어 낼 수 있는 능력, 그 능력을 가진 사람이 진정한 언어 능력을 갖고 있다고 할 수 있다.

영어를 잘하려면 이런 지식을 머릿속에 절차적 지식의 형태로 갖고 있어야 한다. 또한, 그것을 순간적으로 조합해서 자연스러운 표현을 생성하고 적용할 수 있어야 한다. 듣기를 잘하는 것도 마찬가지다. 상대방이 무슨 말을 할지 우리는 예측할 수 없다. 상대방이 하는 말을 들어서 안다는 것은 상대방이 무슨 말을 하든지 그 내용을 다시 해체해서 알아들을 수 있다는 의미다. 그러니 외운 표현만으로는 상대방이 무슨 말을 하는지를 모두 이해할 수 없다. 상대방이 내가 알고 있는 표현만 말할 가능성은 그다지 높지 않다.

영어를 잘한다는 것은 한마디로 원고 없이(이것은 매우 중요한 부분이다!) 머릿속에 담긴 영어 지식을 활용해서 원하는 의미를 유창하게 전달할 수 있는 능력이 있는 것이다. 이 능력은 물론 쉽게 만들어지지 않는다. 영어 학원에서는 이런 이유 때문에 상술을 쓰기도 한다. 일부 어린이 전일제 영어 학원(사람들은 '영어유치원'이라고 부르기도 한다)에서는 분기마다 영어 연극 발표회를 한다.

전일제 영어 학원은 비용이 상당히 비싼 까닭에 학부모들에게 영어교육의 효과를 보여 줘야 한다. 물론 단기간에 어린아이들이 영어를 잘하게 될 가능성은 거의 없으니 당연히 학원 입장에서는 불안하다. 그래서 영어 연극 같은 공연을 많이 한다. 영어 연극에서 아이들이 영어를 하는 것을 보고 학부모들은 감격한다. "우리 애가 저런 영어 표현을 말하다니! 발음이 정말 좋은데." 하지만 영어 연극은 일종의 퍼포먼스다. 외워서 말하는 것이기 때문에 연극을 보고 영어를 잘한다고 착각하면 안 된다.

읽기를 잘하는 것도 마찬가지다. 영어 단어에 대한 지식, 영어 문장을 구성하는 규칙, 글이 다루는 내용, 주제에 대한 배경지식을 바탕으로 글에 담긴 내용과 의도를 잘 파악하는 것이 영어 읽기를 잘한다는 것이다.

영어로 된 글을 쓰는 것 역시 동일하다. 영어 어휘, 쓰고자 하는 주제에 대한 배경지식, 그것을 영어로 표현할 수 있는 능력이 어우러져 하고 싶은 말을 일목요연하게 글로 써낼 수 있어야 한다. 물론 영어로 글을 잘 쓴다는 것에는 이보다 훨씬 더 많은 것이 필요하다. 영어 논문을 잘 쓰고 영어 칼럼을 잘 쓰려면 더 높은 수준의 지식이 필요하기 때문이다. 따라서 영어로 글을 잘 쓴다는 것은 가장 고차원의 능력일 수도 있다.

콩글리시도 영어다

흔히 콩글리시Konglish라고 하면 매우 부정적인 느낌을 준다. 하지만 콩글리시도 영어다. 세계에는 이런 형태의 영어가 많다. 싱가포르 영어는 싱글리시Singlish라고 하고, 말레이시아 영어는 맹글리시Manglish라고 한다. 콩글리시도 그중 하나다. 영어를 모국어로 사용하지 않는 우리가 하는 영어의 대부분은 어떤 면에서 모두 콩글리시다.

콩글리시를 부정적으로 보는 것은 완벽한 영어에 대한 환상 때문이다. 그동안 많은 연구는 영어와 같은 외국어를 배우는 것을 탐구했다. 그중에서 가장 중요한 개념 하나를 꼽으라면 중간언어interlanguage라고 할 수 있다. 네트워크와 네트워크를 연결한 것을 인터넷Internet이라 하고, 국가와 국가 사이를 인터내셔널international, 대륙과 대륙 사이를 인터콘티넨털intercontinental이라고 하듯이, 언어와 언어 사이라는 의미로 중간언어interlanguage라고 한다. 이때 전자는 모국어, 후자는 배우려는 외국어다. 우리말이 모국어인 사람이 영어나 프랑스어 또는 일본어를 배울 때, 그 사람은 한국어와 그 외국어의 중간쯤 되는 중간언어를 쓴다고 보면 된다.

누군가 외국어를 배우려 할 때, 진정한 원어민이 되기 전까지 그 사람이 쓰는 외국어는 일종의 중간언어다. 따라서 콩글리시와 중간언어는 유사한 개념이라 하겠다. 어떤 사람이 원어민이 아니라면 그 사람이 쓰는 외국어는 결국 중간언어일 것이고, 그것은 콩글리시도 마찬가지다. 원어민처럼 능숙하고 완벽하며 정확하게 표현하지는 않을 것이기 때문이다. 우리는 모두 한국어와 영어의 중간언어 또는 콩글리시를 하고 있는 셈이다. 반기문 전 유엔 사무총장도 콩글리시를 한 것이고, 윤여정 배우도 콩글리시를 한 것이고, 오준 전 유엔 대사도 회의 석상에서 콩글리시를 한 것이다.

영어에는 부가 의문문tag question이라는 것이 있다. 이 내용은 대개 중학교 1학년이면 배운다. 영어의 부가 의문문은 종류가 매우 다양하다. 학교 영어 시간에 어렵게 배웠던 기억은 누구나 있을 것 같다. 부가 의문문은 본 문장에 부차적으로 꼬리표tag처럼 붙는 의문문이다. 예를 들어, 영어에서 "You are a Korean." 이렇게 말을 하고

"Aren't you?" 하고 부차적으로 붙이는 것이 부가 의문문이다. "그렇지?" 또는 "그렇지 않니?"라는 의미다. 앞에 있는 표현은 의문문이 아니지만 그 뒤에 덧붙는 간단한 질문이 부가 의문문이다. 부가 의문문의 경우 "Aren't you a student?"에서 뒤는 생략하고 앞의 "Aren't you?"만 말한다. 앞에서 이미 말했으니 간단히 필요한 내용만 남겨서 물어보는 것이다. 우리말에도 부가 의문문은 있다.

하지만 나는 영어의 부가 의문문을 자유자재로 쓰는 사람을 주변에서 거의 보지 못했다. 영어를 좀 하는 사람들 중에서는 부가 의문문을 사용하는 경우를 가끔 본다. 하지만 정확한 형태는 아니고 대개 이런 식이다. "You are a middle school student, right?" "You are American, right?" 이런 형태의 표현을 부가 의문문이라고 말하기는 어렵지만, 들여다보면 "너 중학생이지, 맞지?" "너 미국인이지, 맞지?" 이런 식이다. 영어를 좀 하는 사람들은 대개 이런 식으로 문장 말미에 'right?'을 집어넣는데, 그 기능은 부가 의문문과 거의 비슷하다. 우리말에서도 "너 어제 오후 3시쯤 도서관에 갔지, 맞지?" 이렇게 말하거나 "너 어제 내 지갑에서 돈 만 원 꺼내 갔지, 맞지?"라고 쓰는 것과 유사하다.

얼마 전 오랜만에 경복궁에 들렀더니 궁 해설사가 외국인 관광객을 모아 놓고 열심히 설명하고 있었다. 해설사가 하는 영어를 귀 기울여 들어 보니, 해설사는 영어로 경복궁의 건물을 설명하면서 계속 'right?'을 붙였다. 영어로 외국인들에게 경복궁을 해설하는 분이니 영어를 상당히 잘할 것이나, 학교에서 배운 'shall we?', 'aren't you?', 'isn't it?', 'aren't they?' 같은 부가 의문문을 사용하지는 않았다. 원어민처럼 자연스럽게 부가 의문문을 사용하지는 않았지만, 그와 유사한 의미를 전달하기 위해 나름의 콩글리시를 쓰고 있던 것이다.

하지만 보통은 그런 영어를 잘한다고 생각하지 않고 '콩글리시'라고 폄하한다. 교실에서는 학생들이 그런 영어를 하면 안 된다. 영어학습자는 단순히 '영어를 못 하는 사람'과 '영어를 완벽하게 구사하는 사람'으로 구분될 수 없다. 그 중간에는 수많은 중간언어가 있다. 마치 수영을 전혀 못 하는 초보와 박태환 선수 사이에 다양한 수영 실력을 갖춘 수많은 사람이 있듯이 말이다.

종합하면, "영어를 잘한다."라는 말은 매우 복합적인 의미를 갖고 있다. 그 말 속에 많은 편견을 담고 있기도 하다. 학교 영어교육에서도, 영어로 말하는 사람을 바라볼 때도, 스스로 영어를 연습할 때도 그런 편견은 여전하다. 일상에서 영어를 자주 사용하지 않기 때문에 실제와 다른 생각을 하는지 모른다.

영어 문법을 안다고 정확한 영어를 구사하는 것은 아니다. 영어 원고를 유창하게 읽는다고 그것만으로 영어를 잘한다고 할 수는 없다. 콩글리시는 일종의 중간언어이고, 그것을 하는 것도 창피하게 생각할 이유가 없다. 우리는 영어를 배우는 과정에서 콩글리시를 할 수밖에 없다. 물론 콩글리시도 사용하는 사람에 따라서 여러 단계와 수준이 있지만, 우리는 그런 영어를 사용하면서 수많은 사람들과 소통한다. 당장은 원어민처럼 영어를 유창하게 할 수 없지만 콩글리시를 사용하며 그와 같은 수준에 조금씩 가까이 갈 수 있다. 조금씩, 아주 조금씩. 천천히, 아주 천천히.

8장

영어 원서, 어떻게 읽을까?

영어 읽기는 자연스럽게 얻어지는 능력이 아니라, 오랜 훈련을 통해서 길러야 하는 것이다. 8장에서는 영어 읽기 능력을 배양하는 주요한 훈련으로 영어 원서 읽기를 소개한다. 영어 원서를 왜 읽어야 하고, 어떤 원서를 어떻게 읽는 것이 효과적인지 알아보자.

영어 읽기, 교과서만으로 충분할까?

학교 영어교육에서는 영어 원서 읽기가 미미하게 다루어진다. 학교에서는 영어를 읽는 데 필요한 다양한 선언적 지식을 배운다. 문법도 배우고 어휘도 익히며 평가할 때 읽기 능력을 가장 강조한다. 그럼에도 불구하고 학생들은 그다지 잘 읽지 못한다. 직접 눈으로 읽으면서 경험을 해야 하는데 교사들이 대신 해주는 경우가 많다. 학생들이 학교나 집에서 개별적으로 하는 훈련도 대체로는 부족하다. 결국 시간이 지나도 영어를 읽는 능력이 제대로 쌓이지 않는다.

중고등학교 영어교육에서 가장 강조하는 것이 읽기이고, 수능에서 가장 중요한 부분 역시 영어를 읽는 능력이다. 우리나라 영어 학습에서 가장 자주 요구되는 능력은 읽기일 것이다. 영어로 된 고급 정보가 많으니 대학에서도 영어 원서로 공부하고 사회에 나가서도 영어를 읽는 능력은 중요하게 여겨진다.

하지만 학교에서는 영어를 읽을 기회를 충분히 제공하고 있을까? 실은 그렇지 않다. 20여 년 전 내가 영어 교과서를 처음 집필했을 때 중학교 1학년 교과서에는 열두 단원이 있었다. 요즘에는 줄고 줄어서 여덟 단원밖에 안 된다. 한 단원의 읽기 분량이 얼마나 될까 생각해 보면 그렇게 많지 않다. 중학교 1학년 교과서 한 단원의 읽기 분량은 2-3쪽, 중학교 2학년에 올라가면 좀 늘어서 3-4쪽, 3학년은 대개 4-5쪽 정도다. 대략 중학교 3년 동안 학교 영어교육에서 읽기는 72쪽 분량을 다룬다.

고등학교에 가면 수능 시험 때문에 영어를 읽는 학습이 조금 늘어난다. 고등학교 영어 교과서 한 과에는 읽기 분량이 대략 5-6쪽 정도. 중학교에서 읽는 72쪽과 고등학교 3년 동안 읽는 150쪽 정도를 합하면 220쪽 정도가 된다. 고등학교의 경우 EBS 수능 교재도 사용한다고 하니 그것들을 모두 합하면 300쪽가량이 된다. 어림잡아 6년 동안 학생들이 학교에서 읽는 분량이 약 300쪽 정도다.

6년에 300쪽을 읽으면 어느 정도 글을 읽은 것일까? 한 쪽에 100

단어가 있다고 보면, 중고등학교 6년 동안 3만 단어를 읽는 셈이다. 한 쪽에 200단어 정도의 글이라면, 6만 단어를 읽은 것이 된다. 하지만 영어 교과서에 실린 글은 대개 한 쪽에 100단어 미만이니, 6년에 걸쳐 영어책 한 권 정도를 읽는 셈이다. 그 정도로는 영어를 능숙하게 읽을 수 없다.

그렇다면 원어민들은 어느 정도 빨리, 또 능숙하게 책을 읽을까? 원어민은 대개 분당 200-300단어를 읽고, 신문이나 잡지 또는 대중 소설의 경우 분당 240-260단어 정도 읽는다고 한다. 원어민들이 학창 시절에 읽은 양이나 시간을 생각해 보면 우리와 비교도 할 수 없다. 물론 원어민이라고 모두 이 정도로 능숙하게 읽는 것은 아니다. 이들도 읽는 양에 따라 수준이 천차만별이다. 알고 있는 단어

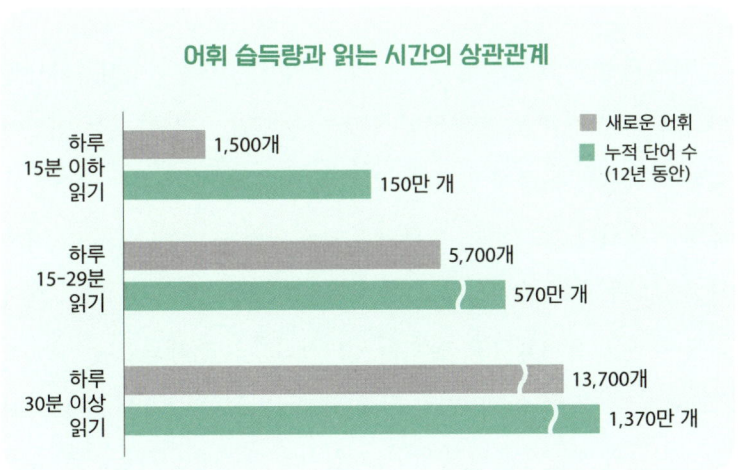

의 양과 읽은 시간 사이의 관계를 보여 주는 자료를 보면, 하루에 15분 이하로 글을 읽는 학생들과 하루 15분 이상 글을 읽는 학생 사이에 현격한 차이가 난다.

영어 원서 읽기는 학교 영어교육에서 필수로 해야 할 부분이다. 문법을 가르치는 시간을 줄여서 영어로 된 글을 읽게 하는 것이 필요하다. 수준에 맞는 쉬운 책을 선택하여 재미있게 읽고, 원하는 책을 읽고, 광범위하게 읽을 수 있도록 해야 한다. 아이들이 스키를 배우기 위해서는 직접 눈 덮인 슬로프를 타고 내려와야 하듯이, 영어 읽기 능력을 기르기 위해서는 반드시 이 과정이 필요하다.

어떤 영어책을 읽을 것인가?

"자신에게 어려운 것은 붙들지 마라. 재미있는 것을 골라라." 아르헨티나의 대표 작가 호르헤 루이스 보르헤스 Jorge Luis Borges 는 읽기의 즐거움에 관해 이렇게 말했다. '의무적인 읽기'는 책 읽는 즐거움을 해치는 행위다. 보르헤스는 극단적으로 이렇게 말했다. "책이 지루하면 그만두세요. 유명하다고 해서 읽지 마세요. 현대적이라고 해서 읽지 마세요. 오래됐다고 해서 읽지 마세요." 그는 세르반테스의 『돈 키호테』는 유명한 소설이지만 지루하다면 읽지 말라고 말한다. 유명한 작가들의 평판에 겁먹지 말고, 개인적인 행복과 즐거움을 찾아 읽으라고 조언한다.

하지만 우리나라는 '서울대학교 추천 고전 100선', '청소년을 위한 고전 100선' 하는 식으로 즐거움과 관계없는 읽기를 강조한다. 책을 선정하고 추천한 교수들도 그걸 다 읽은 사람이 거의 없을 텐데, 학생들에게 이런 의무적인 읽기를 은근히 강요한다. 그러니 학생들은 책을 읽는 즐거움을 발견하지 못한다. 전반적으로 우리는 읽는 즐거움과 읽는 습관을 어떻게 길러야 하는지 잘 모르는 것 같다. 우리글이든 영어든 마찬가지다. 그래서 영어 읽기도 그렇게 재미없게 가르치는지 모르겠다.

글을 읽을 때 중요한 기준 중 하나는 책의 내용이 어느 정도 이해가 되느냐 하는 것이다. 책을 읽는 즐거움도 이해를 해야만 느낄 수 있다. 이해가 되지 않았는데 흥미를 느끼기는 어렵다. 물론 이해가 된다고 해서 반드시 재미있다고 보장은 할 수 없지만, 이해되지 않은 상태에서 재밌다고 느끼긴 더욱 어렵다.

만약 읽는 즐거움을 기준으로 한다면, 좋아하는 책, 관심 있는 주제의 책을 읽는 것이 좋다. 너무 부담을 가지고 읽을 필요는 없다. 어려운 책, 잘 이해가 되지 않는 책은 성인이라도 중간에 포기할 가능성이 매우 높다. 책을 읽고 즐기는 데 구태여 자신의 인내력과 의지를 테스트하는 것은 좋은 방법이 아니다. 책을 읽는 것이 부담스러워지면 책을 손에 자주 들지 않게 된다. 보르헤스의 말대로 인생의 중요한 즐거움 하나를 잃는 것이 된다.

원서는 어떻게 고를까?

영어로 된 글을 읽으려고 책을 고를 때는 글의 내용도 중요하지만 단어의 수준도 중요하다. 모르는 단어가 글에 어느 정도나 되는지 가려 보는 것이 필요하다. 한 쪽에 다섯 손가락 이상 모르는 단어가 나오면, 그 책은 읽기에 좀 어려운 책이다. 다른 기준은 '98%'이다. 아는 단어가 한 쪽에 98% 이상 되는 것이 적절하다.

아이들이 읽을 수 있는 영어 원서는 상당히 다양하다. 그림책이라고 부르는 픽처 북 Picture book도 있고 챕터 북 Chapter book도 있다. 특별히 영어를 공부하는 학생들을 위해서 만든 그레이디드 리더스 Graded readers도 있다. 온라인에서 제공하는 읽기 프로그램도 많다. 이런 글들은 내용, 문장 그리고 단어의 난이도를 조정해서 수준에 맞게 골라 읽을 수 있다. 이런 과정을 통해서 글이 비교적 많은 챕터 북을 혼자 읽을 수 있게 되면 스스로 다양한 영어책을 읽을 수 있는 준비가 되었다고 볼 수 있다. 그다음부터는 흥미가 생기는 적절한 수준의 책을 찾아 읽으면 된다.

하지만 21세기 멀티미디어 환경에서는 글보다 더 재밌고 흥미로운 것들에 빠져들기 쉽다. 스마트폰, 각종 컴퓨터 게임, 유튜브를 통한 콘텐츠들이 어린 학생들의 눈을 유혹한다. 우리글로 된 책도 잘 읽으려고 하지 않는다. 이런 환경에서 영어로 된 글을 읽게 하는 것은 더 어려울 수 있다. 문법은 복잡하고 문법 설명은 무슨 말인지 알 알아듣기 어렵다. 글은 추상적이고 복잡하며 외워야 할 단어는 많다. 시간을 들여도 단어는 제대로 외워지지 않는다. 그런 조건에서 영어 책을 읽는 것은 인내력을 요구한다.

아이들에게 읽기의 즐거움을 깨우쳐 줄 수 있는 뭔가가 더욱 필요하다. 지루한 글보다 재미있는 글을 통해 영어를 익힌다면 그 과정이 조금은 쉽게 느껴질 수 있다. 스키를 배우러 간 학생들에게 완벽하게 탈 것을 요구할 일이 아니다. 처음부터 완벽하게 타야 한다면서 촘촘하게 구간을 잘라서 그만큼만 내려올 수 있도록 하지 말고, 친구들과 자유롭게 눈 덮인 슬로프를 내려올 수 있도록 하는 것도 필요하다. 그 과정을 통해서 스키를 타는 즐거움을 맛보게 해야 한다. 그렇게 한다면 구태여 가르치지 않아도 눈 덮인 슬로프에 자주 올라가고 싶어 하지 않을까? 억지로 물을 먹이기 위해서 물가에 끌고 가는 것보다 갈증을 느끼게 하는 것이 더 낫듯이 영어책도 그렇게 읽을 수 있도록 해야 한다. 의식적인 훈련과 함께 재미있는 원서를 읽는 시간이 필요하다.

9장
말하기와 읽기는 같은 능력일까?

영어에서 말하기와 읽기는 다른 영역이며, 다른 훈련을 통해 길러야 하는 능력이다. 9장에서는 영어에서 읽고 말하는 것은 어떻게 다르고, 영어를 잘 읽고 말하기 위해서는 어떤 훈련이 필요한지 살펴보려 한다.

말하기와 읽기의 차이

현대 사회에서 말과 글은 공존한다. 눈으로 읽으면서 말을 하기도 하고, 들으면서 받아쓰기도 하고, 쓰면서 말을 하기도 한다. 이런 경험 때문에 많은 사람들은 말과 글을 다루는 것을 비슷한 능력으로 본다. 우리나라 학교 영어교육도 읽고, 쓰고, 듣고, 말하는 네 가지를 모두 가르친다고 하면서도 말과 글을 뚜렷하게 구분하지 않는다. 말과 글은 엄연히 다른 영역이다. 말은 인류가 오랜 진화의 과정을 통해 얻은 인간 고유의 능력이라면, 글을 읽고 쓸 수 있는 능력은 그리 오랜 역사를 갖고 있지 않다. 따라서 인간이면 누구나 말을 하지만, 누구나 글을 읽고 쓸 수 있는 것은 아니다.

말과 글은 배우는 과정이 다르다. 오늘날 글을 읽지 못하는 문맹은 거의 없지만, 50-60년 전만 해도 글을 읽지 못하는 사람이 꽤 많았다. 옆의 선거 포스터가 그 증거다. 포스터를 보면 재밌는 점이 하나 있다. 포스터에 글도 있고 사진도 있지만, 후보자의 번호를 가리키는 숫자 대신 막대기가 있다. 당시에는 숫자를 읽지 못하는 유권자가 많아서 숫자 대신 막대기로 후보자의 기호를 알린 것이다.

대통령 선거 포스터(1960)
출처: 대한민국역사박물관 현대사아카이브

말을 할 수 있는 능력과 글을 읽을 수 있는 능력은 구분되어야 한다. 영어라는 글을 배우면 말을 할 수 있고, 말을 배우면 글을 읽을 수 있다는 것은 잘못된 생각이다. 말을 배울 때와 글을 익힐 때의 과정이 다르기 때문이다. 배우는 과정에서 둘의 차이를 구분하지 못하기 때문에 학교에서 영어를 배웠는데 왜 말을 못하는지 반문한다. 하지만 학교에서는 주로 영어로 된 글을 읽는 데 많은 시간을 보내지, 영어라는 말을 배우거나 해볼 기회는 거의 없다. 영어로 된 글을 읽는 법은 조금 배웠으니 그나마 읽을 수 있지만 말은 배운 적이 별로 없어서 영어로 말을 못하는 것이다.

다시 말하지만, 글을 배우는 과정과 말을 배우는 과정은 다르다. 문명 사회에서는 사람들이 학교 교육을 받고, 신문을 보고 책도 읽으니 글을 읽는 경우가 많지만, 배우는 과정을 생각하면 두 능력은 판이하게 다르다. 겉으로 보기에 모두 언어이기 때문에 적당히 섞어서 가르치면 모두 잘할 수 있다고 생각하지만 실은 그렇지 않다. 이런 구분이 필요한 이유는 학교 영어교육에서 영어라는 '글'을 가르치는 것인지, 영어라는 '말'을 가르치는 것인지 구분이 명확하지 않은 경우가 너무 많기 때문이다. 듣기 훈련을 시키면서 글을 보고, 말하는 훈련을 하면서 원고를 보고 말하는 식이다.

왜 이런 식으로 훈련을 시키는 것일까? 말은 소리이고, 글은 문자라는 것을 분명히 인식하지 못하기 때문이다. 소리로 표현되는 말은 귀를 통해서 정보가 들어오고, 문자로 표현된 글은 눈을 통해서 정보가 들어온다. 따라서 말은 귀를 통해서 익혀야 하고, 글은 눈을 통해서 익혀야 한다. 말과 글에 따라 언어가 표현된 방식이 다르고, 말과 글을 배우는 것은 각각의 표현 방식에 익숙해지는 과정이다.

말하는 능력

한국관광공사 사장을 지낸 있는 이참●은 우리말을 참 잘했다. 요즘에는 그보다 우리말을 잘하는 외국인이 많지만 당시에는 독보적인 존재였다. 1990년대 후반에 이참에게 어떻게 한국어를 배웠는지 특강을 부탁한 적이 있다. 그는 약 1시간 정도 강의를 원고 없이 진행했고, 자신을 소개하면서 프랑스어와 이탈리아어, 영어를 할 수 있고, 한국어도 잘한다고 했다. 한국어는 한국에서 배웠고 어린 시절에 배운 적은 없었다. 그는 다른 외국어를 배우는 방식과 동일하게 한국어를 공부했고 그만의 외국어 학습 노하우가 있었다. 그는 "이것을 한국어로 어떻게 말하죠?"와 같은 표현을 제일 먼저 배운다고 했다. 영어로 얘기하면 "How can I say this in English?"와 같은 것이다.

그가 "이걸 한국어로 어떻게 말하죠?" 하고 물으면, 사람들이 "그건 고무신이지."라고 답하는 경우도 있고, "아, 그건 고무신이라고 해요."라고 답하는 경우도 있었다고 한다. 어떤 사람은 "아, 그건 고무신인데."라고 답했다. 문제는 답하는 사람마다 조금씩 다르게 답을 하다 보니, 그가 알고 싶은 '고무신'의 발음이 [고무시니라고], [고무시니지], [고무시니에요], [고무시닌데], 아니면 [고무신]인지

● 이참은 독일 태생으로 한국에 귀화했다. 연기자와 방송인으로 활발하게 활동하고 나중에 한국관광공사 사장을 지냈다. 스스로 독일 이씨의 시조가 되기도 했으며, 무엇보다 우리말을 참 잘했다.

9장 말하기와 읽기는 같은 능력일까?

헷갈렸다는 것이다.

이참이 이렇게 한국어를 배운 과정은 매우 중요하다. 언어학자 소쉬르Ferdinand de Saussure는 언어를 '소리와 의미가 하나의 쌍으로 이루어진 기호 체계'라고 정의했다. 이참이 한국어를 배울 때 했던 행동은 소리와 뜻을 연결시키려 한 것이다.

말은 소리다. 소리의 특징은 무엇일까? 여기 '세니세비오름'과 '세니촉세비오름'이라는 표현이 있다. 어느 나라 말일까? 이 소리를 듣는다면 아마도 아무런 생각이 들지 않을 것이다. 해당 언어를 모르는 사람에게 이 소리는 자동차 소리나 새소리와 다를 것이 없다. 표현 중에 특정 단어가 있고, 그 단어가 어디에서 시작되고 어디에서 끝나는지 알 수 없다. 단어가 몇 개나 있고, 그 단어가 무슨 뜻인지 알지 못한다.

말을 배운다는 것은 이런 소리를 듣고 어디서부터 어디까지가 특정 단어이며 그 단어가 무슨 뜻인지, 단어들이 결합될 때 어떤 뜻이 되는지, 소리를 듣고 구분할 수 있게 된다는 것이다. 듣기는 소리로 전달된 것을 이해하는 과정이고, 말하기는 거꾸로 언어의 소리를 적절하게 입으로 내는 과정이다. 따라서 말을 하려면 소리와 뜻의 관계, 소리를 구성하는 일련의 규칙을 알아야 한다. 모든 과정은 말이라는 소리로 이루어진다. 이참이 한국어를 배우기 위해서 했던 것처럼 말이다.

소리는 음파의 형태로 공기 중에서 전파되고 전달된다. 현대에

와서 녹음기가 발명되어 말소리를 저장할 수 있게 되었지만, 인류 역사에서 말소리는 공기 중에 흘러가는 것이었고 한번 흘러가면 그만이었다. 요즘에는 어떤 소리를 녹음하면 반복해서 들을 수 있다. 하지만 항상 녹음기를 들고 다니면서 말을 잘 알아듣지 못하면 다시 들어 보는 방식으로 대화할 수는 없다. 그래서 말을 하고 말을 알아들으려면 소리가 나오는 속도에 맞춰 뜻을 알아들어야 한다. 듣는 속도가 말하는 속도를 따라가지 못하면 문제가 발생한다.

수능이나 토익 듣기 시험을 볼 때, '무슨 뜻이었지' 잠시 생각하는 동안 이어서 나오는 말을 놓치는 경우는 흔하다. 글이라면 한번에 무슨 말인지 이해하지 못하더라도 돌아가서 다시 읽고 천천히 생각할 수 있다. 하지만 말은 그렇지 않다. 그러니 말을 알아들으려면 그 소리와 속도에 익숙해지고 소리를 들었을 때 무슨 말인지 알아듣는 훈련을 해야 한다. 상대방 원어민이 말하는 속도로 알아들어야 한다. 그 속도를 따라가지 못하면 많은 정보를 놓치게 되고 결국 무슨 말인지 알아듣지 못하는 상황이 발생한다.

읽는 능력

글을 읽는 능력은 무엇일까. 사람들은 대개 말을 먼저 배우고 글을 익힌다. 특히 모국어는 거의 모든 경우 이 순서를 따른다. 하지만 외국어로 영어를 배우는 경우는 좀 다르다. 이전에는 학교에서 영어를 가르칠 때 주로 글부터 가르치고, 말은 나중에 가르치거나 거의 가르치지 않았다. 지금의 40대보다 이전 세대의 경우에는 대개 이런 순서로 영어를 배웠기 때문에 영어를 듣고 말하는 것이 어려웠다. 그렇지만 요즘에는 주로 초등학교 저학년이나 유치원 시절에 듣고 말하는 것을 먼저 배우고, 초등학교 3-4학년이 되면 읽는 것을 배운다. 이렇게 배운 아이들은 영어를 읽는 것보다 듣는 것을 더 잘한다.

글을 읽는 것은 문자를 통해서 이루어지는 소통이다. 문자를 통한 소통은 오랜 인류의 삶에서 보면 그리 오래된 것은 아니다. 인간의 언어는 10만 년에서 20만 년 전부터 존재했지만, 문자는 기껏해야 4,000-5,000년 정도밖에 되지 않았다. 말과 달리 글을 읽는 능력은 본능으로 진화하고 발전하지 못했으므로 노력해서 배우고 익혀야 한다.

영어로 된 글을 읽으려면 몇 가지 기본적인 능력이 필요하다. 우선 눈으로 들어오는 정보를 빨리 처리하는 것이 관건이다. 눈으로 봤을 때 이것이 어떤 단어이고 의미는 무엇이며 어떻게 소리를 내는지 가급적 빨리 알아내야 한다. 빠르면 빠를수록 좋다. 영어 단어를 보는 순간 단어에 대한 다양한 정보를 무의식적으로 가져올 수 있어야 한다. 성인이 한글로 된 글을 읽을 때 그 과정이 얼마나 빨리, 무의식적으로 일어나는지 생각해 보면 알 수 있다.

물론 글을 읽는 것은 단어만 읽는 것이 아니라 문장을 읽는 것이고 문장으로 이루어진 글을 읽는 것이다. 따라서 문장을 읽는 속도도 중요하다. 학교에서 영어를 가르칠 때는 이 과정이 문제가 된다. 교사들은 대개 번역을 많이 해준다. 문법도 명시적으로 가르치고 설명한다. 문법과 번역을 합친 방법으로 영어로 된 글을 읽는 방법을 가르치는 것은 매우 오래된 방식이다. 그러나 이런 방식으로 가르치면 학생들이 한 문장을 읽는 속도가 너무 느려진다. 불필요한 과정을 너무 많이 거친다.

배운 문법을 하나하나 적용해서 번역을 하다 보니 글을 읽을 때 왼쪽에서 오른쪽으로 읽는 것이 아니라 좌우로 왔다 갔다하면서 읽게 된다. 관계대명사가 쓰인 문장을 읽을 때 그런 경향이 가장 뚜렷하게 나타난다. 관계대명사 문장을 우리말로 번역하면 뒤에서부터 읽는 것이 자연스럽다. 하지만 뒤에서부터 읽으며 번역을 하면 읽는 효율성이 떨어진다. 영어를 모국어로 사용하든 외국어로 배웠든, 영어를 잘 읽는 사람은 좌에서 우로 읽지, 좌우를 왔다 갔다 하며 읽지 않는다. 영어라는 글을 읽는 훈련은 좌에서 우로 읽는 것을 가르쳐야 한다.

단어를 조합하면 문장이 되고, 문장과 문장이 합쳐지면 글이 된다. 그렇게 글이 만들어지는 것은 맞지만, 문장 하나하나를 제대로 읽었다고 해서 글을 읽을 수 있는 것은 아니다. 보통은 그런 착각을 많이 한다. 하나의 글을 이해하기 위해서는 단어와 단어를 조합하는 규칙, 즉 문법만 알아서 되는 게 아니다. 더 많은 것들이 필요하다.

하지만 우리나라 수능 영어 시험도 글을 읽는 능력보다 학생들이 영어 문법을 얼마나 이해하고 있고, 영어 단어를 얼마나 많이 알고 있는지를 평가한다. 어려운 단어와 까다롭고 복잡한 문장을 통해서 학생들의 영어 능력을 평가하여 줄을 세우겠다는 의도다. 200단어 미만의 매우 짧은 글을 주면서 무슨 말인지 이해해 보라고 한다. 단순히 단어와 문법만 알면, 아무리 짧은 글이라도 전체적으로 무슨 말을 하는지 알 수 있다는 생각이다.

그런 생각은 학교 영어교육에도 영향을 미친다. 영어라는 글을 가르치며 읽는 능력을 기르는 과정에서도 대개 단어나 문법만 강조한다. 글을 읽는 목적은 단어를 이해하는 것도 문장을 해석하는 것도 아니다. 영어라는 글을 가르치는 궁극적인 목적은 영어로 이뤄진 글을 이해하는 것이다.

글을 읽을 때 단어와 문법이 뼈대가 되고 중요한 것은 맞지만, 글을 이해하는 데는 그 이상의 것들이 필요하다. 그걸 간과하면 영어 단어와 문법만 알면 글을 읽을 수 있다고 생각하거나, 영어를 읽을 때 문법을 자꾸 생각하며 번역을 하는 방식으로 읽게 된다.

영어교육에서는 말과 글을 구별할까?

말을 배운다는 것은 소리를 듣고 그것이 무슨 의미인지 이해하는 것이니 말을 배울 때에는 소리에 집중해야 한다. 반대로 문자로 쓰여진 글은 눈을 통해 들어오는 문자 정보를 보고 '아, 이게 무슨 내용이구나'를 아는 것이다.

'내가 듣고 이해할 수 있다'는 것은 눈으로 보고 이해하는 것이 아니다. 눈으로 보고 이해하는 것은 읽는 훈련을 하는 것이지, 듣는 훈련을 하는 것이 아니다. 말은 음성 언어spoken language이기 때문에 귀를 훈련하는 것이고, 들어서 이해할 수 있는 시스템을 자신의 뇌에 만들어야 한다. 이러한 능력은 눈으로 글을 읽어서 알게 되는 능력이 아닌, 소리를 듣고 무슨 뜻인지 아는 능력이다.

우리나라 성인이나 중고등학생들 중에는 영어 발음이 좋지 않은 경우가 있다. 그런 배경 때문인지 조기에 영어를 배우면 발음이 좋아진다는 생각을 많이 한다. 하지만 영어 발음이 좋지 않은 경우는 대개 소리보다 눈으로 영어를 익혀서 영어 소리에 민감하지 못하기 때문이다.

나는 미국 유학 시절 도서관에 갈 때 셔틀버스를 많이 타고 다녔다. 그 당시 우리나라에는 '셔틀버스'라는 개념이 없었기 때문에 처음에는 무척이나 생소했다. 그래서 '셔틀버스'라는 단어는 주변 사람들이 하는 영어 발음을 그대로 익혔다. '셔틀버스'라는 단어에 아무런 사전 정보가 없었지만, 그것은 생활하는 데 가장 필요하고 매일 같이 이용하는 것이었다. 따라서 많이 들었을 뿐만 아니라 말해 볼 기회도 많았다. 특이한 점은 그때 익힌 그 단어의 발음이 [셔틀버스]가 아니라 [셔를버스]라는 것이다. 그들이 그렇게 발음하니 그대로 익혔을 뿐이다. 지금도 그 단어는 그렇게 발음하는 것이 편하다.

또 다른 사례를 들어 보자면, 미국에서 공부할 당시 그 지역에 '할런몰'이라는 쇼핑몰이 있었다. 사람들은 그렇게 발음했다. 그것이 무슨 뜻이고 왜 할런몰인지, 스펠링은 무엇인지 알아볼 생각은 하지 않았다. 그냥 쇼핑몰 이름이 '할런몰'이겠지 생각했다. 한참 시간이 지나 미국 친구와 대화를 하는 중에 '할런몰'의 스펠링을 물어보니, '하이랜드몰Highland Mall'이란다. 높은 곳에 있는 쇼핑몰이라고 해서 그렇게 이름 붙인 모양이지만, 난 그 생각은 하지 못했다. 아마 영어 단어를 눈으로 봤다면 그렇게 발음하지 않았을 것 같기도 하다. 이처럼 차라리 글자를 보지 않거나 단어의 철자를 모르면 소리에 민감해지고, 정확하게 그들이 하는 소리를 받아들이는 경향이 있는 것 같다.

하지만 현재 50-60대는 소리보다는 글자에 익숙했고, 글자로 먼저 영어를 익혔다. 소리를 소리로 듣기보다 먼저 문자를 생각했다. 그래서 소리를 들어도 눈으로 문자를 보지 않으면 불안하거나 자꾸 확인하려는 경향이 있다. 그래서 본래 소리의 특징을 잊어버리고 철자에 따라 발음하려고 하는지 모른다. [할런몰]이 아니라 [하이랜드몰]처럼 말이다. 원어민이 자신의 언어를 익힌 과정은 그 반대였다. 소리로 먼저 언어를 익혔기 때문에 문자보다 소리에 익숙하고 문자보다 먼저 소리로 생각하는 사람이다.

읽기의 특징

글을 읽기 위해서는 눈으로 보고 내용을 이해하고 즐길 수 있어야 한다. 글을 읽는 것은 눈으로 봐서 정보가 들어오는 것이고, 눈으로 들어온 정보를 통해 언어를 이해할 수 있게 된다. 여기서 언어를 이해할 수 있는 시스템이 바로 언어 능력이다. 비록 말로 만들어진 언어 능력이라고 할지라도 그 시스템이 이미 구축되어 있는 사람은 글을 읽는 것이 쉬워진다.

말과 글은 뇌로 들어가서 언어 시스템을 통해 처리가 된다는 공통점이 있지만, 말과 글이라는 정보가 들어오는 감각 기관의 차이, 이것을 분명히 구별해야 한다. 글을 잘 읽고 싶으면 눈으로 훈련을 해야 하고, 잘 알아듣고 싶으면 귀로 훈련을 해야 한다.

읽는 것은 눈으로 단어를 인지하는 행위다. 이 경우에도 단어가 뇌로 들어가면 소리로 전환된다. 사람들이 눈으로 조용히 묵독을 하는 경우에도 머릿속에서는 소리 정보에 접근한다. 만약에 글을 읽을 때 속으로 지금 읽고 있는 글과 다른 소리를 내게 되면 방해가 된다.

그것은 '사람들이 글을 읽을 때도 뇌에서 소리 정보에 접근하고 있다'는 증거다.

예를 들어, 엄마들이 아이에게 글을 읽어 줄 때 배경 음악을 틀어 주는 경우, 배경 소리가 글을 읽는 사람에게 어떤 영향을 주느냐에 따라 방해가 될 수 있다. 한국어로 된 책을 읽을 때 영어 뉴스 소리가 거슬린다면 그 영어 뉴스를 알아들었을 가능성이 높다. 반면 영어 뉴스가 한국어를 읽는 데 방해가 되지 않는다면 영어 소리를 알아듣지 못했을 가능성이 높다. 한국어로 된 책을 읽으면서 영어 뉴스에 귀를 기울일 정도가 아니기 때문에 영어 뉴스 소리가 흘러나오지만 글을 읽는 데 전혀 방해가 되지 않는 것이다. 공간을 채워 주는 약간의 소음을 백색소음이라고 하는데 백색소음은 집중하는 데 도움이 된다고 한다. 영어를 잘 알아듣지 못하는 사람에게 글을 읽으면서 들려오는 영어 소리는 일종의 백색소음일 수 있다.

영어 읽기, 단어 인지와 언어 이해의 곱

읽는 능력은 단어를 인지하는 능력과 언어를 이해하는 능력의 곱셈이라고 설명할 수 있다. 둘 중 한 능력이라도 없으면 읽기 자체가 불가능하기 때문이다. 간단히 설명하면, 읽는 능력은 단어를 인지하는 능력과 언어를 이해하는 능력이 결합된 것이다. 눈으로 봐서 '아, 이게 이 단어구나' 하고 인지하는 능력이 필요하고, 단어가 결합된 것을 보고 그 표현이 무슨 뜻인지 알아야 한다.

이걸 하지 못하면 글을 읽을 수 없다. 말은 잘하는데 글을 보고 이것이 어떤 글자이고 어떤 단어인지 알지 못하는 사람을 문맹이라고 한다. 문맹은 언어를 이해하는 능력이 없는 것이 아니라, 글자로 표현된 단어를 인지하지 못하는 것이다. 반대로 단어를 보고 소리를 낼 수 있지만 언어를 이해할 수 있는 능력이 없는 경우가 있다. 파닉스만 배운 우리나라 학생들이 영어를 읽을 때 일어나는 현상이다. 눈으로 보고 단어의 소리는 낼 수는 있지만, 단어들이 연결되어 있는 문장은 이해하지 못한다. "I love you."라는 문장과 "You love me."라는 문장이 있을 때, 단어의 다른 배열 때문에 각 문장의 뜻이 다르다는 것을 알지 못하는 경우다. 그런 능력이 없으면 읽는 능력은 제로다.

미국의 5-6세 아동이 영어로 된 글을 읽으려고 할 때, 이 아이는 거의 완벽한 영어 능력을 갖고 있다. 즉, 말을 들어서 영어를 이해할 수 있는 능력은 거의 완벽하다. 하지만 눈으로 글을 보고 단어를 인지하는 능력은 아직은 '0'이다. 그래서 영어로 된 글을 읽지 못한다. 하지만 우리나라의 6-7세 아이들 혹은 10-15세 학생들은 영어로 된 글을 읽으려고 할 때 단어를 인지하는 능력이 부족할 뿐만 아니라, 언어 능력도 부족하다. 즉, 단어를 보고 무슨 단어인지 알지 못하고 영어라는 언어 자체를 이해하는 능력도 부족한 상태. 미국 어린이들이 영어를 이해하는 능력이 100이라면 우리나라 어린이들은 10도 안 될 것이고, 글로 표현된 단어를 인지하는 능력도 훈련되어 있지 않다면 10도 안 될 것이다. 결국 곱을 하면 우리 아이들이 영어를 읽는 능력은 10×10=100이고 미국 아이들은 100×10=1,000이 된다. 영어로 된 글을 막 읽기 시작할 때 원어민 아이들과 우리나라 아이들이 서로 비슷해 보이더라도 그 사이에 10배 이상의 격차가 이미 존재한다.

미국 아이들은 영어라는 언어를 이해하는 능력을 갖춘 상태에서 파닉스를 통해 영어 단어의 소리에 접근하고 그런 과정으로 글을 읽게 된다. 즉, 단어를 인지하는 능력decoding ability만 배우면 글을 읽을 수 있게 된다. 하지만 우리 아이들은 아무리 파닉스를 익힌다고 해도 영어를 이해하는 능력이 부족하기 때문에 글을 이해하지 못한다. 우리 아이들은 파닉스와 함께 영어를 듣고 이해하는 능력도 길러야 한다. 이것이 원어민 아이들과 우리 아이들이 영어라는 글을 읽을 때 근본적인 차이다.

한 가지 흥미로운 점은 영어를 외국어로 배우는 경우에도 글을 읽는 능력은 말을 듣고 이해하는 능력과 밀접하게 연관되어 있다는 점이다. 모국어인 경우에는 이것이 더욱 뚜렷한 경향성을 보이는데, 모국어가 아닌 경우에도 이런 경향이 나타난다. 즉, 영어를 들어서 잘 이해하는 사람은 영어라는 글도 잘 읽는다는 의미다. 영어라는 외국어를 배우기 시작하는 초기 단계에 이런 경향이 더욱 강하게 나타난다. 따라서 어린아이들이 글을 읽기 전에 영어를 충분히 듣고 이해하는 능력을 갖추도록 하는 것은 나쁘지 않다. 모국어 읽기 능력을 기르듯이, 말을 먼저 읽히고 글을 익히는 것은 그리 나쁘지 않은 방법이라는 것이다.

 물론 순서를 맞춰 배우는 것은 시간이 많이 걸린다. 그렇게 배울 시간적 여유가 없는 경우에는 이 둘을 동시에 배운다. 들으면서 읽거나, 읽으면서 듣는 방식이다. 어린아이들에게 동화를 읽어 주면 처음에는 소리에만 집중하고, 글을 좀 이해하게 되면 글과 소리를 연결한다. 이런 방법은 주로 글을 읽는 것을 도와주는 방식이지만 말을 익히는 데도 도움이 될 수 있다.

공교육 영어와 사교육 영어의 차이는 뭘까?

학교 영어교육에서 좋은 성적을 받기 위해 사교육에 보다 많은 비용을 투자하고 있는 오늘날, 영어 공교육과 사교육은 불가분의 관계에 있는 것 같다. 10장에서는 영어 공교육과 사교육이 어떻게 이루어지고 그 교육 방식에는 어떤 차이가 있는지 살펴보려 한다.

공교육과 사교육의 차이

학교는 배움의 공간이다. 학교는 학생들에게 무언가를 가르치고 학생들은 그런 내용을 배우고 익힌다. 학교에는 교육과정이 있어서 그에 따라 가르친다. 이것이 학교를 운영하는 원리이고 체계다. 하지만 학교에서 교육이 이루어지는 모습을 보면 이상과 현실 사이에 괴리가 있는 것 같다. 학교가 존재하는 고유의 가치인 배움은 졸업장, 성적, 상급학교 진학이라는 가치에 의해 전도되고 있다. 졸업장이 있어야 상급학교에 진학할 수 있고, 학교에서 받은 성적은 상급학교 진학에 중요한 근거 자료가 된다. 이런 환경에서 배움과 교육 이전에 학생을 평가하는 것이 학교의 가장 중요한 임무처럼 보인다.

우리가 사교육 기관이라고 부르는 학원은 학교와 비슷한 배움의 공간이지만, 학교와는 많이 다르다. 학원은 개인이 영리를 목적으로 세운 기관이므로 학교에 비해 제약과 통제가 없거나 느슨하다. 학원은 교육과정이나 평가를 임의로 정할 수 있고, 어떤 내용을 가르치든 통제나 관리를 받지 않는다.

공교육의 교사는 엄격한 과정을 통해 선발되고 특정한 자격을 갖춰야 하지만 학원 강사는 그렇지 않다. 아이러니하게도 학생이나 학부모들은 그런 학원을 선호한다. 학원은 정부의 규제가 적어서 수요에 맞춘 맞춤형 교육을 구현할 수 있기 때문이다. 학생과 학부모는 계약을 통해 돈을 지불하고 학원에서 제공하는 교육을 사는 입장이므로 만족하지 않으면 언제든지 다른 대안을 선택할 수 있다. 학원의 교육 내용이나 질도 비용에 따라서 달라질 수 있다.

반면 학생이나 학부모가 학교를 자유롭게 선택할 수는 없다. 학교에서 맞춤형 교육을 제공하는 것도 쉽지 않다. 공교육 내에서도 사립학교와 공립학교는 학교와 학원만큼은 아니지만 상당한 차이가 있다. 학부모들은 사립학교가 경쟁력이 있고 열정적으로 학생들을 가르친다고 생각해서 공립학교보다 사립학교를 선호한다.

학교와 학원을 비교했을 때 어느 교육 기관이 더 경쟁력이 있을까? 외부의 통제나 자율성을 보면 사교육 기관보다 공교육 기관이 통제가 많고 자율성이 떨어진다. 같은 공교육 기관 중에서도 사립학교보다 공립학교가 통제가 많고 자율성이 떨어진다.

기대-가치 이론

사람의 행동이나 동기를 설명하는 이론 중에 '기대-가치 이론 Expectancy-Value Theory'이라는 것이 있다. 어떤 사람이 높은 산에 오르려고 할 때 이 사람이 산에 오르고자 하는 행동은 '기대 expectancy'와 '가치 value'로 설명할 수 있다. 기대는 '내가 이 산에 올라갈 수 있을까?' 하는 성공에 대한 기대고, 가치는 '이 산은 올라갈 만한 가치가 있는가?'에 대한 것이다.

  높은 산에 오를 만한 충분한 체력과 역량이 있지만 그럴 만한 가치가 없으면 산에 오르지 않을 것이다. 거꾸로 산에 오를 가치는 있지만 오를 만한 역량이 없고 성공할 가능성이 보이지 않으면 오르지 않을 것이다. 어떤 사람이 산에 오르는 데는 성공에 대한 기대도 있어야 하고, 그럴 만한 가치도 있어야 한다. 두 가지 조건이 충족되었을 때 비로소 기꺼이 마음을 먹고 산을 오른다.

  학원의 강사와 학교의 교사 모두 열심히 학생을 가르칠 수 있다. 하지만 학원의 강사와 교사 중에서 누가 더 적극적이고 창의적으로

어떤 사람이 산에 오르는 데는 성공에 대한 기대도 있어야 하고, 그럴 만한 가치도 있어야 한다. 두 가지 조건이 충족되었을 때 비로소 기꺼이 마음을 먹고 산에 오르는 것이다.

교육에 임할 것인지 생각해 보면, 학원의 강사들이 좀 더 강한 동기를 가질 것으로 보인다. 학교 교사의 경우 치열한 경쟁 과정을 통해 선발되었기 때문에 학원 강사보다 역량이나 능력 면에서는 우수할 수 있다.

하지만 교실에서 창의적이고 열정적으로 가르치고 싶게 만드는 가치, 그것이 문제다. 열심히 가르치거나 혁신적으로 수업 방법을 개선한다고 해서 교사가 얻을 수 있는 가치는 매우 미미할 것으로 보인다. 교사로서 학생을 가르치는 보람이 하나의 가치라면 그것으로 충분할 것 같지도 않다. 만약 학교 교사가 교실에서 열심히 가르치는 것보다 다른 것에 더 많은 가치가 있다고 생각한다면 그쪽에 더 많은 시간과 정성을 쏟을 가능성이 높다.

평가를 위한 학교와 배움을 위한 학원

사교육 기관과 차별화되는 학교의 특징은 평가에서도 찾을 수 있다. 요즘 학교를 보면 다음과 같은 표현이 떠오른다. "Putting the cart before the horse." 주객이 전도됐다는 의미다. 말이 마차를 끌어야 하는데 마차가 말을 끄는 현실이다. 학교는 학생을 평가하는 것이 아니라 학생을 가르치는 데 집중해야 한다. 가르치는 것이 목적이자 제일의 가치가 되어야 하고, 평가는 부수적인 수단이 되어야 한다.

하지만 현실의 학교에서는 평가가 교육을 이끌어 가는 것처럼 보인다. 학교 교육을 정상화하기 위해 내신을 강화했지만, 내신 때문에 도리어 학교 교육이 끌려가는 모습이다. 내신이 중요해지는 순간 학생들은 내신 위주로 공부하게 되고, 교사도 내신 위주로 가르친다. 내신 평가를 둘러싸고 온갖 잡음이 일어나고 학생들끼리 불필요한 경쟁을 한다. 결국 많은 학교 구성원들이 자신의 에너지를 교육이 아닌 평가에 쏟으며 교육과 배움보다 평가에 민감해지게 된다.

수능과 같이 학생의 인생에 심각한 영향을 미치는 시험을 고부담 시험high-stake exam이라고 한다. 공무원 선발을 위한 시험이나 변호사 선발을 위한 시험 등 선발 시험은 대개 고부담 시험이다. 이제는 이런 고부담 시험에 내신도 한자리를 차지했다. 예전에 학교 내신은 고부담 시험이 아니었다. 하지만 학교 내신이 강화되고 입시에서 내신이 중요한 위치를 차지하게 된 순간, 내신도 고부담 시험이 되었다.

개인적으로 영어 교사나 학생 또는 학원 강사에게 메일을 자주 받는다. 학교 시험 기간이 끝나고 나면 그런 메일이 갑자기 증가한다. 대부분 영어 내신과 관련된 것들이다. 주로 학교 영어 시험 문제에 아무리 생각해도 정답이 여러 개 있는 것 같다거나, 학교에서 정답이라고 하는 것을 인정할 수 없다는 내용이다.

학생이나 교사가 정답을 확인하기 위해서 보낸 영어 문제를 보면, 문제 자체에 오류가 있는 경우도 있다. 몇 년 전 어느 영어 교사가 보낸 메일에는 일부 학생들이 복수의 정답이 있다고 이의를 제기했다는 내용이 있었다. 문제가 된 영어 독해 지문과 묻는 내용을 살펴보니 문제 자체가 잘못되어 있었다. 문제를 출제하는 교사가 지문의 내용에 너무 익숙해져 문제를 검토하는 과정에서 오류를 파악하지 못했던 것으로 보인다.

해당 독해 지문은 19세기 대영 제국의 실상을 기술한 글이었다. 지문의 내용을 이해했는지 묻는 문제인데, 선택지에 지문에는 언급되지 않은 내용이 있었다. 따라서 정답이 복수로 존재했다. 나는 이런 내용을 A4 용지 4쪽 정도로 정리해서 해당 교사에게 보냈지만 며칠이 지나도 교사로부터 아무런 답을 받지 못했다. 자신의 생각과 다른 내용의 답을 보낸 것이 섭섭해서 그랬는지는 알 수 없지만, 아무런 답이 없었다.

이런 정답 시비가 있을 때 학교에서 다시 검토하고 잘못을 인정하면 될 텐데, 현실은 그렇게 녹록하지 않다. 정답이 달라지면 학생들이 받을 등급이 달라지고 행정적으로도 어려운 점이 많기 때문이다. 학교 내신에 대한 학생과 학부모의 신뢰도 떨어지고, 교육청이나 상급 기관의 조사를 받을 수도 있다. 사정이 이렇다 보니 가급적 학교 측에는 원래 정답을 유지하는 것이 유리하다. 내신이 고부담 시험이 되면서 학교에서 나타나는 현상이다.

이른 아침에 학부모가 연구실에 찾아온 경우도 있었다. 학부모의 표정을 보고 영어 내신 시험 때문에 방문했다는 것을 직감했다. 학부모는 서울대학교에서 강의하는 원어민 강사는 물론이고, 자신이 알고 있는 원어민에게도 영어 문제의 정답을 문의했고 최종적으로 나를 찾아온 듯했다. 학교 내신과 관련한 시비에 말려드는 것 같아서 조용히 돌려보냈지만, 전국 곳곳에서 학교 내신 시험을 둘러싸고 비슷한 현상이 벌어지고 있을 것이다.

학교는 내신 때문에 교사들이 원하는 교육을 구현하기 어렵다. 영어 교사로 발령을 받은 지 얼마 되지 않은 졸업생에게 학교에서 영어를 어떻게 가르치는지 물어본 적이 있다. 그 졸업생은 다음과 같이 이야기했다.

"부임해서 처음 1년은 대학에서 배운 교수법을 적용해서 이상적인 영어 수업을 구현해 보려고 노력했어요. 그런데 제가 가르친 반 학생들의 영어 성적 평균이 학년 전체에서 가장 낮게 나온 거였어요. 저는 영어로 수업을 진행하면서 회화와 의사소통 위주로 수업을 진행했는데, 선배 교사가 출제한 문제를 제가 가르친 학생들이 풀기에는 차이가 있었던 거죠. 문법 문제나 다른 내용들이 많았던 것 같아요. 결국 저도 선배 교사들이 가르치는 방식으로 수업 내용을 바꾸게 되었어요. 제가 가르치는 학생들이 평가에서 불이익을 받지 않게 하려고요."

한 학년을 여러 명의 영어 교사가 가르치면, 문제를 출제하는 교사의 성향에 따라 다른 교사에게 배운 학생들이 불이익을 받을 수 있다. 그런 일을 막으려면 서로 비슷한 내용을 유사한 방식으로 가르치며 내신 시험에 대비한 교육을 할 수밖에 없다. 학교에서 이루어지는 평가가 오히려 개별 교사의 수업 방식을 통제하고 혁신을 막고 있는 경우다.

학원은 상대적으로 평가에서 자유롭다. 평가를 해도 되고 하지 않아도 그만이다. 언제든 원할 때 한 달에 두 번, 아니 열 번을 시험 봐도 된다. 어떤 식으로 평가해도 크게 문제가 되지 않는다. 학생들을 줄 세울 필요도 없고, 몇 퍼센트의 학생들이 1등급을 받고 몇 퍼센트의 학생들은 3등급을 받아야 하는지 생각할 필요도 없다. 얼마나 배웠고 얼마나 실력이 늘었고 배운 내용을 잘 이해하고 있는지 궁금하다면 그런 내용만 평가하면 된다. 학생이 좋은 결과를 얻지 못하거나 시험에 이상한 내용의 문제가 출제되어도 학생이나 학부모는 그다지 신경을 쓰지 않는다.

학교 내신 성적도 상급학교 진학에 크게 영향을 미치지 않는다면 어떤 식으로 평가를 해도 그다지 문제가 되지 않을 것이다. 내신이 진학에 큰 영향을 미치지 않았던 시절에는 그랬다. 학생들이 받는 성적이나 등수에만 관심이 있었지, 시험에 어떤 내용을 출제해도 그다지 문제가 되지 않았다. 정답 시비도 별로 없었고 설령 문제가 되더라도 복수 정답을 인정하거나 정정하면 그만이었다. 그렇다고 학생들이 학교에서 제공하는 교육을 소홀히 했을까? 개인적으로 학창 시절을 돌이켜 보면 학교 교육을 소홀히 했던 적은 없었던 것 같다. 여전히 학교에서 보는 시험에 대비해서 열심히 공부했고, 수업 시간에도 귀를 쫑긋하면서 열심히 들으려고 했다. 학교 성적이 상급학교 진학과 아무런 연관성은 없었지만 말이다.

학교와 학원의 생태계

전 세계 모든 학교가 우리와 같은 것은 아니다. 우리나라 학교 시스템은 고유한 특성이 있다. 문제는 학원과 학교도 생태계가 다르다는 점이다.

어두운 밤 우주에서 바라본 한반도의 인공위성 사진을 한번 들여다보자. 사진에서 한반도는 대륙에 붙어 있는 반도가 아니라 섬처럼 보인다. 외국 학자들에게 이 인공위성 사진은 특히 흥미로운 것 같다. 수천 년 동안 남북한은 동일한 역사적 배경을 갖고 언어 또한

우주에서 바라본 한반도의 모습.
이 사진에서 한반도는
반도가 아니라 섬처럼 보인다.
이는 남북한의 모습이자
공교육 기관과 사교육 기관의
모습이 아닐까.

같았으며 구성원들의 배경이나 지능도 인종적으로 큰 차이가 없었다. 유일한 차이라면 해방 이후 두 지역이 서로 다른 시스템 속에서 살았다는 점이다. 한쪽은 개인의 자유와 자율을 추구하는 자본주의 체제였고, 다른 쪽은 통제와 타율을 추구하는 공산주의 체제였다. 그 70여 년의 결과가 이런 모습으로 나타난 것이다. 한쪽은 불야성이고, 다른 한쪽은 칠흑 같은 암흑이다.

　인공위성 사진을 보면서 공교육 기관과 사교육 기관을 생각하게 된다. 학교와 학원은 모두 가르치는 것을 목적으로 학생을 불러들인다. 하지만 그 공간에 속한 구성원들은 시스템에 의해서 특정한 방향으로 행동하고, 노력을 기울이고, 시간을 쏟는다. 시간이 흐르면 저 인공위성 사진처럼 서로 전혀 다른 모습이 된다.

　2000년대 초반 서울대학교 영어교육과 학생들을 대상으로 연구를 한 적이 있다. 연구에서는 영어교육과 1-2학년 학생 80여 명을 대상으로 대학에 입학하기까지 약 12년 동안 어떤 영어교육을 받았는지 물었다. 그러자 인터뷰에서는 매우 흥미로운 점이 드러났다. 전국 학교의 영어 수업이 너무나도 유사했던 것이다. 전국의 수백수천 개의 학교 대부분이 교과서나 수능 교재로 수업을 진행했고, 영어 교과서에 나오는 듣기는 조금 가르치는 정도로 다루며 독해와 문법을 설명하는 데 대부분의 시간을 할애했다. 말하기나 프로젝트와 같은 활동은 거의 다루지 않았다. 또한 내신 평가 대상이 되지 않는 교과서의 글쓰기나 말하기 활동도 배제되는 경우가 많았다. 학생들도 그런 내용이 시험에 나오지 않는다는 것을 알고 있었고, 시험에 나오지 않는 내용을 공부할 필요는 없었다. 전국에서 온 학생들이었음에 불구하고 인터뷰한 80명 학생들의 이야기가 크게 다르지 않았다.

특이한 점은 또 있었다. 학생들에게 개인적으로 영어를 어떻게 공부했느냐고 물어보니 80명의 이야기가 모두 달랐다. 같은 방식으로 공부한 학생은 한 명도 없었다. 한 학생은 중고등학교 시절 캐나다로 조기유학을 갔다 왔다고 말했다. 영어교육에만 수천수만 시간을 들인 경우다. 다른 학생은 대학에서 강의를 하던 분에게 초등학교부터 고등학교를 졸업할 때까지 과외 지도를 받았다고 했다. 지방의 모 고등학교를 졸업한 학생은 중학교 1학년 때 옆에 앉은 친구가 영어 소설책을 읽는 것을 보고 자극을 받아서 그때부터 고등학교를 졸업할 때까지 꾸준히 영어책을 읽었다고 했다. 6년 동안 100여 권 이상 읽었다고 했다. 물론 사교육은 거의 받지 않았다. 강릉에서 온 학생은 아버지가 사교육을 좋아하지 않아서 EBS 강의만으로 공부했다고 했다. 고등학교 3년 내내 매일 아침 등교하기 전에 EBS에서 제공하는 영어 강의를 30-40분 정도 들었다고 했다. 이처럼 학생 80명의 이야기는 학생 수만큼 다양했다.

진도를 나가는 데 급급한 학교

학교 영어교육은 진도를 나가는 것을 중요하게 생각한다. 학교는 정해진 진도를 맞추는 것이 중요하다. 어떤 교사는 학교 영어교육에 대해 이야기하면서 '사실 진도를 나가는 데 급급하다'는 말을 자연스럽게 한다. 나는 이 말이 학교 교육의 모순을 대변하는 것이라고 생각한다. 이 말 속에 평가가 교육을 이끄는 학교의 단면이 다시 드러난다.

교사가 진도를 나가는 데 급급하면 학생은 과연 무엇을 배울까. 진도는 교사가 가르치는 것을 염두에 둔 말이다. 만약 학교가 학생이 배우는 것을 염두에 둔다면 그 교사는 그런 말을 편하게 할 수는 없었을 것이다. 학교 교육에 관심이 있다면 이 말을 곰곰이 곱씹어 보아야 한다. 우리는 학교에 가서 교사가 가르쳐 주는 내용을 잘 들으면 뭔가 배울 수 있다고 생각한다. 그러나 교사의 강의를 들었더라도 학생에게는 여전히 미흡한 부분이 많을 테고, 학생은 혼자 문제를 풀어 보거나 적절한 과제를 통해서 추가적인 학습을 해야 한다. 그래야 진도를 나간 내용을 어느 정도 소화해서 필요한 능력을 기를 수 있다. 하지만 교사의 이 말 속에는 이런 내용이 없다. 진도를 나가는 것으로 자신의 역할을 다했다는 의미로 들린다.

학교에서 진도를 나가는 것이 왜 중요할까. 진도를 나간다는 건 평가에 대비해서 학교가 최소한으로 해야 하는 내용이다. 학교의 내신은 정해진 범위가 있다. 그 범위에서 시험을 보기 때문에 교사는 최소한 그 범위까지 진도를 나가야 한다. 물론 진도를 나갔다고 해도 학생들이 내용을 이해했는지 알 수 없지만, 진도만 나간다면 학부모들에게 책잡힐 일은 없다. 이 또한 학교가 학습이 아니라 평가 위주로 돌아간다는 반증이다. 교육이 평가를 이끄는 것이 아니라 평가가 교육을 이끄는 형국이다.

가르치는 것과 배우는 것은 같지 않다. 가르친다고 학생이 배우는 것은 아니다. 특히 교과 진도를 나갔다고 학생이 배우는 것은 더욱 아니다. 가르치는 것은 배움의 과정 중 하나일 수 있지만, 가르쳤다고 모두 배우지는 않는다. 학교는 학생들이 제대로 역량을 기르고 배울 수 있도록 해주어야 총체적인 교육 활동을 하고 있다고 할 수 있다. 진도를 나가는 것만으로 교육이 완결되는 것은 아니다.

진도를 빼는 데 급급한 학교에서 배움은 결국 학생의 몫이다. 진도만 나갔다고 해서 제대로 배웠을 리 없으니, 학생들은 학원을 기웃거린다. 그렇지 않으면 영어교육과에 입학한 학생들처럼 다양한 방식으로 자신에게 맞는 공부법을 찾아서 공부를 해야 한다. 영어책을 읽거나, EBS 방송 강의를 듣거나, 미드를 보거나, 조기 유학을 떠나거나, 아니면 학원을 다니고 개인 과외를 받거나 하는 식이다. 진도를 빼느라 급급한 학교에서 배움을 얻기가 쉽지 않으니, 선행 학습을 하든 예습을 하든 복습을 하든 어떤 방식으로든 추가적인 배움을 계속해야 한다. 그래야 겨우 진도를 따라갈 수 있고 내신 시험에서 비교적 좋은 결과를 얻을 수 있다. 매우 이상한 구조다.

학교와 학원의 공생

학교와 비교해서 학원은 가르치는 내용이 천차만별이다. 학원 영어 강사들의 배경도 다양하다. 원어민도 있고, 원어민 같은 교포도 있고, 영어와 무관한 학과를 졸업한 강사도 있고, 영어 관련 학과를 졸업한 강사도 있다. 물론 학교 영어 교사 출신 강사도 있다. 이들이 학원의 영어 강사진을 구성한다. 강사들은 영어를 가르치는 데 필요한 전문적인 훈련을 받지 않은 경우가 많다. 자신이 과거에 배운 영어교육에 기반해서 강의를 하거나 시중에 널리 쓰이는 교재로 가르치는 경우도 있다. 특히 중고등학교 학생을 대상으로 한 학원은 문법에 많이 집착한다.

대학의 영어교육과정은 영어 문법을 그다지 강조하지 않는다.

대학에서 문법을 다루는 경우에도 1960-1970년대식 학교 문법과는 내용이 많이 다르다. 최신 언어학 이론 등으로 인간의 언어 능력을 기술하거나 설명하려고 하지, 학교나 학원에서 다루는 내용의 문법은 아니다. 학원 강사들은 문법을 과도하게 가르치거나 문법으로 모든 것을 설명하려는 경향이 있는 듯하다. 변화된 영어교육의 경향을 잘 이해하지 못한 것도 이유가 될 수 있다. 이런 경향도 지역별로 차이가 있어서, 지방으로 갈수록 학원들이 문법 중심의 영어교육을 강조하는 것으로 보인다. 마치 문법이 전부인 것처럼 생각하고, 문법으로 영어의 모든 것을 설명할 수 있는 것처럼 문제를 내고 학생들을 가르친다.

어떤 면에서 학교와 학원은 서로 상부상조하는 구조로 보인다. 학교는 정해진 진도를 나가고, 학생들은 학원에서 추가적인 공부를 해서 필요한 배움을 이어 나간다. 학부모도 이런 학교 교육에 이의가 없다. 그런 모습을 당연하게 생각한다. 학교에서 자녀가 무엇을 배웠는지 알 수 없지만, 진도를 나갔으면 학교가 할 일을 했다고 생각한다.

이런 구조에서 수많은 학생들이 학원이나 사교육에 의존하는 것은 당연해 보인다. 몇 해 전부터 '역량 중심 교육과정'이라는 새로운 교육과정이 도입되었다. 역량 중심 교육과정의 핵심은 학생들이 학교 교육을 통해서 필요한 역량을 기르는 것이다. 이 교육과정에 맞춰 학생들의 역량을 기르는 것이 학교 교육의 목표라면 더 이상 진도

위주의 교육을 하면 안 된다. 진도를 나갔다고 해서 학생들의 역량이 길러지는 것이 아니기 때문에, 역량 중심의 교육과정에서는 진도보다 학생들이 무엇을 배웠고 어떤 역량을 길렀는지 살펴봐야 한다. 진도 위주의 교육은 평가를 위해서 존재하는 것이지, 학생의 역량과 배움을 위해서 존재하는 것이 아니다.

    국가의 2024년도 교육 예산은 95조 6천억 원 정도로 두 번째로 많은 규모다. 국방 예산보다 교육 예산이 더 많다. 그만큼 국가가 교육을 위해서 많은 투자를 하고 있다는 뜻이다. 그런데 아이러니하게도 각 가정은 자녀의 교육을 위해서 또다시 많은 사교육비를 투자한다. 무엇이 문제일까. 앞에서 설명한 내용이 절대적 해답이 되지는 않겠지만, 잘 들여다볼 필요가 있다. 악마는 디테일에 있다고 했다. 우리 공교육과 사교육의 문제를 해결하는 방안도 거대 담론이 아닌 이런 소프트하고 디테일한 작은 이야기 속에 숨어 있을 수 있다.

영어, 정독인가 다독인가?

영어로 된 글을 능숙하게 읽어야 한다면 다독은 반드시 필요하다. 일반적으로 정독은 천천히 정확하게 읽는 것이고, 다독은 많은 양을 빠르게 대충 읽는 것이라고 생각한다. 하지만 12장에서 이야기할 다독은 그렇지 않다. 다독은 많은 양을 빠르고 능숙하게, 또한 정확하게 읽는 법을 훈련하는 것이다.

정독과 다독

잠시 다른 이야기를 해보자면 어떤 문제를 풀 때는 목표를 분명히 하는 것이 중요하다. 문제를 풀 때 논리적 사고 훈련이 안 되어 있으면 풀이 과정에서 헤매는 경우가 많다. 특히 주어진 문제에 답을 내는 데만 특화되어 있다면, 그것도 충분히 예상 가능한 답을 내는 훈련만 되어 있다면 스스로 질문을 던지고 답을 찾아 가는 과정에서 헤매게 된다. 답을 내는 데 급급해서 질문을 던져야 할 때 잘 던지지 못하고,

문제를 해결하는 과정에서 얽힌 실타래를 잘 풀지 못하는 것이다. 너무 빨리 답을 얻으려고 하기보다 질문의 의미가 무엇이고 그 질문에 답을 어떻게 찾을 수 있을지를 차분히 생각해서 문제를 해결하는 훈련이 필요하다. 정독인가 다독인가 하는 질문도 비슷한 과정을 거칠 필요가 있다.

정독이든 다독이든 그것은 수단에 불과하다. 정독과 다독은 어떤 목적지나 목표에 가기 위한 방법이고 수단이지 그것 자체가 목적은 아니다. 중요한 것은 목적지가 어디인가 하는 것이다. 예를 들어 뉴욕에 가려고 하는 사람이 준비하는 과정과 부산에 가려고 하는 사람이 준비하는 과정은 다를 수밖에 없다. 이처럼 정독인가 다독인가 하는 것도 가려고 하는 목적지가 어디인지에 따라서 어느 방법이 더 나은지 판단할 수 있다. 무언가를 결정할 때는 항상 최종적으로 가고자 하는 목적지가 어딘지, 그곳에 가기 위해서 어떤 수단을 선택할 것인지 생각해야 한다. 그렇지 않으면 맹목적이 될 수 있고 불필요하게 시간을 낭비할 수 있다.

일반적으로 정독은 천천히 정확하게 읽는 것이고, 다독은 많이 빠르게 대충 읽는 것이라고 생각한다. 그래서 정독은 바람직하지만 다독은 대충 읽는 것이므로 바람직하지 않다는 오해 아닌 오해를 하는 경우가 있다. 정독과 다독을 그런 개념으로 보게 되면 공부의 측면에서는 당연히 정독을 해야 할 것 같다.

정독과 다독을 영어로는 'intensive reading'과 'extensive reading'

으로 표현한다. 정독은 글을 깊이 이해하기 위해서 읽는 방식이다. 대학원생은 문학 작품이나 논문을 읽을 때 반복해서 읽거나, 저자가 의도한 내용이 무엇이고 주장이 타당한지, 다른 이견이나 문제점은 없는지 등 여러 가지 질문을 하면서 읽을 것이다. 이런 형태의 읽기를 정독이라고 한다면 다독은 조금 다른 형태다.

중고등학교에서 영어가 아닌 다른 교과목을 배울 때는 정독이 필요하다. 영어 이외의 교과들은 우리글로 쓰여 있고, 글을 읽는 목적이 한글을 읽고 연습하는 것이 아니라 내용을 깊이 있게 이해하는 것이기 때문이다. 이때 저자의 의도나 글의 심층적인 의미를 들여다보는 훈련은 중요하다. 물론 그 과정에서 관련된 주제의 책을 광범위하게 읽는 다독도 필요하다. 한 작가의 글만 읽는 것이 아니라 여러 작가의 글을 읽으면서 비교할 수 있고, 같은 내용을 다르게 접근한 글을 통해서 인식의 폭을 넓힐 수도 있다. 여기서는 정독과 다독이 모두 필요한 상황이다.

아이들에게 다독이 필요한 이유

영어를 전공하는 대학원생들이 강의를 들으면서 전공 관련 논문을 읽는 것은 영어공부를 하기 위함이 아니다. 논문에 담겨 있는 내용, 논문에서 주장하는 핵심 내용을 이해하는 것이 목적이다. 따라서 그

때는 정독을 하는 것이 필요하다. 하지만 대학원생들이 영어로 된 논문을 읽는 것과 중고등학교 학생들이 영어를 배우고 익히기 위해서 영어로 된 글을 읽는 것은 목적이 다르다.

이제 막 영어라는 글을 읽고 이해하는 훈련을 해야 하는 학생들에게 필요한 읽기 훈련은 무엇일까? 이 학생들은 어휘가 부족하고, 문법을 적용해서 글을 이해하는 능력도 부족하고, 영어로 된 글을 다양하게 많이 읽어 본 경험도 없다. 이 경우에 한 문장 한 문장을 정독해서 읽어서 10쪽을 읽는 것보다는 글을 읽는 양을 절대적으로 늘리는 것이 필요하다.

우리나라 학교 영어교육에서 부족한 부분은 바로 다독이다. 학생들은 다양한 주제의 글을 많이 읽어 보는 경험이 필요한데 그럴 기회가 별로 없다. 문법이나 어휘 위주로 세세하게 읽는 것이 아니라 내용 중심으로 광범위하게 영어를 읽는 경험이 필요하다. 다독이 꼭 수박 겉핥기식으로 대충 읽는 것은 아니다. 좋아하는 글을 광범위하게 가급적 많이 읽는 것이다. 많이 읽어야 하는 이유는 다독의 경험을 통해서 영어로 된 글을 읽는 데 익숙해지기 때문이다.

스키를 처음 배우는 사람이 스키를 타는 능력을 기르는 좋은 방법은 스키를 자주, 많이 타는 것이다. 만약 스키장에 열 번 가본 사람이 있고 백 번 가본 사람이 있다면, 당연히 백 번 가본 사람이 스키를 잘 탈 가능성이 높다. 아마도 재미있고 좋아하는 것이니 자주 갈 것이다. 영어 읽기도 마찬가지다. 재미있고 어렵지 않은 글을 많이 읽어야 한다. 많은 시간을 들여서 영어로 된 글을 두루 읽어야 한다.

영어를 막 배우기 시작한 아이들에게 읽기 훈련을 시키는 것이 목적인 경우 다독의 필요성이 부각될 수밖에 없다. 목표한 수준에 도달하기 위해 훈련하는 과정이기 때문이다. 이 과정을 반드시 거쳐야 일정 수준에 이를 수 있다. 운전을 배울 때 도로에서 주행을 많이 해봐야 하고, 스키를 배울 때에도 눈 덮인 슬로프에서 스키를 많이 타봐야 하는 것처럼 다독도 영어 읽기 훈련에서 필수적으로 경험해야 하는 과정이다.

능숙도

우리가 어떤 능력을 기를 때 '능숙도fluency'라는 개념은 그 사람의 수준을 판단하는 중요한 기준이 된다. 자전거를 타든 스키를 타든 수영을 하든 잘하는 사람과 못하는 사람을 구별하는 기준 중 하나가 바로 능숙도다. 하지만 영어교육 상황에서는 능숙함의 필요성을 잘 인식하지 못하는 경우가 많다. 특히 학교 영어교육에서는 정확도를 지나치게 강조하다 보니 상대적으로 능숙도에 소홀하다. 글을 읽을 때도 즐기기보다 영어공부를 위해서 읽는다는 생각이 강하다 보니 결과적으로 읽는 분량이 적고, 영어로 된 글을 능숙하게 읽을 수 있는 기회가 줄어든다.

중학교 1학년 영어 교과서의 경우 한 단원에 대개 2-3쪽 정도의 글이 실려 있다. 아마도 학생들이 알고 있는 어휘의 수준이나 문장 구조에 대한 지식을 고려해서 정해진 분량일 것이다. 단어도 한 과에서 10개 정도의 새로운 어휘가 소개된다. 하지만 한 과에 소개된 다양한 문장 구조나 어휘를 익히기 위해서 학생들이 글을 얼마나 읽어야 하는지 고려하지 않는 것이 문제다.

　1박 2일 스키 캠프에서 한나절 동안 강습을 받는다면, 강사는 수준에 따라서 초보에게는 스키를 신는 것부터 가르칠 것이다. 스키를 조금 탈 줄 아는 사람에게는 어떻게 슬로프를 내려오는지, 슬로프를 내려올 때 자세는 어떻게 취해야 하는지를 설명하고 시범을 보여 줄 것이다. 문제는 1박 2일 동안 진행되는 스키 강습의 경우에 학생들은 이틀 내내 강사에게 강습만 받는 것이 아니라 강습을 받은 후에 슬로프에 올라가서 스키를 타고 내려오는 경험도 해야 한다. 강습 이후에 슬로프를 타고 내려오는 경험이 학생들이 다양한 글을 읽어 보는 다독의 과정이라고 보면 된다.

　영어교육에서 다독은 배운 내용을 직접 적용해 보는 과정이다. 수업 시간에 교사에게 다양한 문법이나 어휘를 배웠다면, 직접 책을 놓고 글을 읽어 봐야 한다. 문제는 학교 영어 시험에 나오지도 않고, 교사가 그런 방법을 잘 추천하지도 않으니 학생들 입장에서도 구태여 다독을 할 필요성을 느끼지 못한다는 것이다.

　어떤 일을 능숙하게 하기 위해서 뭘 해야 할까? 자전거를 열심히 닦거나 매일 자전거를 분해하고 조립한다면 자전거를 능숙하게 탈 수 있을까? 아니다. 자전거를 많이 타봐야 한다. 다양한 상황, 지리적 조건, 날씨 조건에서 여러 종류의 자전거를 자주 타봐야 자전거를 능숙하게 타게 된다.

영어로 된 글을 능숙하게 읽는 것도 마찬가지다. 영어로 된 글을 능숙하게 읽으려면 많이 읽어야 하고, 다양한 글을 읽어 봐야 한다. 우리는 그런 점을 간과하고 있다. 능숙하지 못한 상태에서 능숙하게 만드는 것, 이것은 배움에서 매우 중요한 과정이다. 글을 읽을 때 100단어를 10분 안에 읽을 수도 있고, 30초 만에 읽을 수도 있다. 두 사람 모두 글을 읽고 이해했지만 둘이 같은 수준의 영어 읽기 능력을 갖고 있다고 보기는 어렵다. 100단어를 10분에 읽는 사람보다는 30초에 읽을 수 있는 사람이 읽기에 능숙한 사람이다. 다독은 같은 것을 읽어도 능숙하게 읽을 수 있는 능력을 기르는 데 필요한 훈련이다. 영어로 된 글을 1시간에 1쪽 읽는 사람과 1시간에 100쪽 읽어 낼 수 있는 사람이 있다면, 지금과 같은 정보화 사회에서 엄청난 차이가 있을 것이다. 그런 점에서도 능숙하게 읽는 것은 중요하다.

이런 생각도 해볼 수 있다. 대부분의 시험에는 시간 제한이 있다. 물론 모든 나라가 시험을 볼 때 시간 제한을 두는 건 아니고, 시간 제한을 두더라도 충분한 시간을 주는 경우도 많다. 우리나라에서는 유독 시간을 짧게 주면서 많은 것을 평가하므로 얼마나 빨리 능숙하게 읽느냐 하는 것이 중요하다. 충분한 시간적 여유를 주면 결과가 같을 수도 있지만, 시간을 제한하니 신속하게 읽는 학생이 유리하다. 특히 수능과 같은 시험에서는 능숙도가 더욱 중요하다. 하지만 학교 영어교육이나 영어교육을 이끄는 영어교육과정에는 능숙도에 대한 고려가 전혀 없다.

글은 많이 읽어 본 사람은 당연히 빨리 읽는다. 같은 해에 수능 시험을 보고 입학한 A와 B라는 두 학부생에게 국어 수능 시험을 볼 때 시간이 부족했는지 물어봤다. 같은 해에 같은 학과에 입학했지만, 두 학생이 느끼는 바는 많이 달랐다. A학생은 중고등학교 시절 하룻밤에 무협지를 30-40권 정도 읽었고, 그는 수능 국어 시험을 볼 때 시간적으로 굉장히 여유가 있었다고 했다. 반면 B학생은 국어에서 시간이 촉박했고, 매우 빠듯하게 문제를 풀었던 기억이 있다고 했다. 무협지가 독서 능력에 어떤 의미가 있는지는 예외로 하더라도, 어떤 글이건 많이 읽으면 우리글로 된 정보를 처리하는 속도가 빨라진다. 국어의 경우에도 이렇게 차이가 나는데, 영어의 경우에 읽은 양에 따른 능숙도의 차이는 더 클 것이다.

수능 영어 3-4등급 이하의 학생들에게 영어 수능 시험이 어땠는지 물어보면 "시간이 모자라서 다 풀지도 못했다."라는 대답이 가장 많다. 3-4등급 이하의 학생들은 대개 영어로 된 글을 읽은 경험이 부족하고 결과적으로 능숙도도 많이 떨어진다. 그러니 주어진 시간에 글을 다 읽어 볼 여유가 없는 경우가 대부분이다. 수능 독해에 약 4,200-4,500단어가 나오는데 학생들은 50분도 안 되는 짧은 시간에

이 많은 양을 소화해야 한다. 결국 수능에서도 읽는 속도가 중요한 변수가 된다.

영어를 배우기 시작한 학생들에게 적절한 속도로 읽을 수 있게 하는 훈련은 더욱 중요하다. 읽는 모습을 옆에서 지켜볼 때는 매우 단순한 과정으로 보이지만, 학생들의 머릿속에는 다양한 인지 과정이 동시에 빠르게 일어나야 한다. 글을 읽는 데 익숙한 성인들은 읽을 때 눈만 왔다 갔다 하면 대부분 자동적으로 정보가 처리된다. 하지만 영어를 막 배우기 시작한 학생들은 읽는 과정에서 많은 정보를 신속하게 처리하지 못하면 머릿속에서 '병목 현상'이 발생한다. 정보를 처리하는 과정이 느리니 정보를 제대로 다룰 수 없게 되고, 결국 읽는 속도가 느려질 뿐만 아니라 읽어도 무슨 말인지 모르게 된다.

스카보로의 읽기 로프

이번에는 스카보로Scarborough가 읽기 현상을 실타래를 꼬는 것에 비유해서 설명한 그림을 소개하고자 한다. '스카보로의 읽기 로프'로 불리는 이 그림에서는 읽는 데 필요한 여러 가지 능력을 여러 가닥이 얽힌 실로 표현하고, 글을 읽는 행위는 하나하나의 실을 엮는 것으로 표현했다. 실 가닥 하나하나가 글을 읽는 데 필요한 능력이라면 능숙하게 글을 읽는 것은 이런 여러 가닥의 실을 빨리, 능숙하게 엮는 것

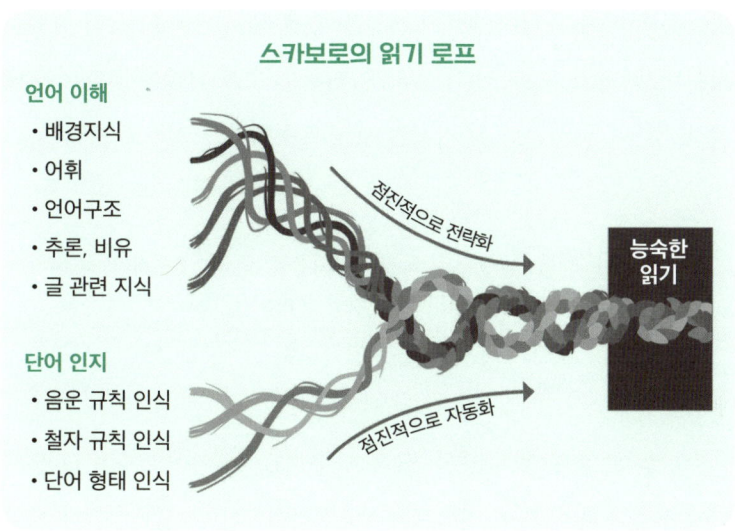

과 같다. 실을 엮을 때 그다지 의식하지 않고 자동적으로 여러 가닥의 실타래를 엮을 수 있어야 글을 능숙하게 읽는 것이다.

초보자는 당연히 여러 가닥의 실타래를 엮는 데 서툴고 시간이 걸린다. 그래서 처음에는 가닥과 가닥 사이에 간극이 좀 벌어져 있지만, 간극은 갈수록 좁아진다. 그만큼 능숙해지는 것이다. 초보 단계에서는 의식적으로 시간을 들여서 실을 엮지만, 자동화 단계에 이르면 보지도 않고 능숙하게 실을 엮을 수 있다. 지하철에서 뜨개질을 하는 사람을 생각해 보면 이해가 된다. 중년의 부인은 실뭉치를 비닐봉투에 넣고 옆 사람과 대화를 하면서도 손으로는 계속 뜨개질을 한다. 그런 상태가 아마도 자동화된 단계일 것이다. 중년 부인도 처음에는 하나하나 의식하면서 뜨개질을 했을 테고 시간도 오래 걸렸을 것이다. 읽기도 마찬가지다. 우리 아이들이 초보 단계에서 자동화 단계로 가기 위해서 반드시 거쳐야 하는 과정이 다독이라고 보면 된다.

> Intensive reading is a type of reading that is done with the purpose of understanding a text in depth. This type of reading requires attention and focus in order to be able to comprehend the meaning of the text.

위의 문장을 읽어 보라. 글을 읽을 때는 무엇이 주어이고 동사인지 생각하지 않고 쭉 읽을 수 있어야 한다. '이 단어는 무슨 뜻이지, 이건 어떻게 발음하지, 이게 주어이고, 이 다음에 나오는 것이 주격 보어인가'라는 생각을 하면서 읽으면 글의 내용은 머릿속에 남지 않는다. 그렇게 읽는 사람은 당연히 초보이며 능숙하지 않은 사람이다.

> ـرَ مِنكَ البَرُّ الكَرِيمُ الوَصُولُ
> ـهَ عَلَيْنَا فَالفَضْلُ مِنهُ جَمِيلُ
> ـبِ أَتَاكُمْ بِهِنَّ مِنَّا رَسُولُ
>
> 日本語の表記においては、漢字や仮名だけで なく、ローマ字やアラビア数字、さらに句読 点や括弧類などの記述記号を用いる。

위 그림의 왼쪽은 아랍어고 오른쪽은 일본어인데, 우리 아이들이 처음 영어를 읽을 때의 느낌이 아마도 우리가 이런 언어를 처음

볼 때와 같을 것이다. 아랍어는 대부분의 사람이 한 번도 본 적 없을 것이고, 일본어 역시 나이 든 세대는 한자가 좀 익숙하지만 낯설기는 마찬가지다. 처음 영어라는 글을 대하는 아이들은 이런 상태다. 처음에는 더듬더듬 읽지만 계속 그렇게 읽는 것은 곤란하다. 빨리 읽으면서 내용을 파악할 수 있게 해야 한다. 주어와 동사를 아는 것이 중요한 것이 아니라, 그런 것에 신경을 쓰지 않고 가급적 빠른 속도로 글의 뜻을 파악할 수 있도록 해야 한다.

영어 읽기에 필요한 지식

글을 읽을 때 문법적인 지식을 생각하면서 읽는 사람은 분명 초보다. 능숙한 원어민이 이런 방식으로 읽을 가능성은 없지만, 학교에서는 그런 식으로 가르친다. 물론 초기에는 읽을 때마다 우리말로 생각하고 번역할 수 있다. 하지만 언제까지 그렇게 읽는 훈련을 해야 할까? 번역은 우리가 학생들에게 영어를 가르치는 궁극적인 목적이 아니다. 학교나 가정에서 학생들이 흥미 있고 관심 있어 하는 주제의 글을 두루 읽을 수 있는 기회를 줘야 한다.

　　다독의 경우 일반적으로 혼자 읽겠지만, 함께 읽는 것도 좋다. 운동도 혼자서 하는 것보다 동료들과 함께 하면 더 오래 할 수 있고, 다양한 노하우도 얻게 되고, 경험을 공유하면서 실수도 줄일 수 있다. 운동을 할 때 동료들과 하는 사람이 혼자 하는 사람보다 훨씬 오래, 열심히 한다는 연구 결과도 있다. 다독도 마찬가지다. 영어책을 부모 또는 친구들과 같이 읽으면 좋다. 책의 내용을 공유하거나 자극을 받고, 서로 경험을 나눌 수도 있다. 그런 과정을 통해서 읽는 양이 늘어나고, 능숙하게 글을 읽을 수 있게 된다. 새로운 글을 다양하게 접하면서 어휘는 당연히 늘 것이고, 문장 하나하나를 읽어 내는 힘이 생겨서 읽는 속도도 빨라질 것이다.

개인적으로 영어를 읽는 역량이 늘어난 때를 생각해 보면 대학에서 원서를 읽은 경험이 절대적이었다. 원서를 꾸준히 읽으니 영어로 된 글을 읽는 힘이 생겼고, 영어로 된 텍스트를 보는 것에 대한 부담이 줄었다. 책을 읽으면서 내용을 생각하면 됐지, 그것이 문법적으로 어떻게 구성된 것인지, 수동태가 무엇인지 고민할 필요도 없었다. 물론 미국 유학 시절 과목마다 읽어야 했던 수많은 글도 밑바탕이 되었다.

돌이켜 보면 유학 시절에도 글을 읽을 때 일일이 단어를 찾고 문장을 해석하며 읽은 적은 없는 것 같다. 읽어야 할 분량이 많아서 그랬을 수 있지만, 누가 번역을 시키는 것도 아니었고, 글에 나온 모든 단어를 알아야 할 필요도 없었다. 문장 하나하나를 다 알아야 할 필요는 더욱 없었다. 중요한 것은 글에 담긴 내용, 그것도 핵심 내용을 파악하는 것이었다.

그때 '왜 중고등학생 때 이런 읽기 경험을 하지 않았을까?', '왜 이제야 이런 경험을 할까?'라고 생각했다. 다독의 경험을 갖는 것은 일석삼조-石三鳥가 아니라 일석오조-石五鳥, 일석십조-石十鳥가 될 수 있다. 학교는 학생들이 그런 경험을 할 수 있게 해주어야 한다. 문법을 강조하기보다 학생들에게 이런 읽기 경험을 하게 한다면 영어 능력도 늘고, 글을 읽는 재미를 알게 되어 글을 통해서 다양한 간접 경험을 할 수 있을 것이다.

다독을 통한 영어 읽기 훈련

대학 이상의 교육을 받은 원어민들은 대개 1분에 몇 단어를 읽을까? 편하게 읽을 수 있는 주제의 글은 1분에 대략 250-300단어를 읽는다. 1초에 4-5단어를 읽는 셈이다.

여기서 분명한 것은 빨리 읽고 능숙하게 읽는 사람이 글을 대충 읽는 건 아니라는 점이다. 빨리 대충 읽는 것이 아니라, 정확하게 읽지만 하나하나를 읽어 내는 과정이 능숙한 것이다. 수많은 읽기 관련 연구를 보면 능숙하게 빨리 잘 읽는 사람은 거의 한 단어도 빠지지 않고 읽는다. 글자 하나하나를 눈으로 보고 처리하는 속도가 빠른 것이지, 글에 나오는 단어를 건너뛰면서 읽는 것은 절대 아니다. 이 점은 분명히 해야 한다.

물론 능숙하게 잘 읽는 사람은 글의 의미를 파악하는 과정에서 그다지 중요하지 않은 일부 단어는 예측할 수 있기 때문에 건너뛰는 경우도 있다. 하지만 거의 모든 단어를 눈으로 읽어서 분당 240단어를 처리한다. 건너뛴 단어 60개 정도를 합하면 분당 300단어가 나온다. 능숙한 원어민은 글을 읽을 때, 1초 똑딱하는 순간에 네 단어를 읽고 문장에 무슨 단어가 있고 그 구조가 어떻게 되어 있는지를 안다. 대학 수준의 교육을 받은 원어민들은 이 정도 속도로 읽는다. 물론 이 정도 속도로 영어로 된 글을 읽어 낼 수 있는 외국인은 많지 않다. 아마 0.001%도 되지 않을 것이다.

읽는 사람의 눈동자 움직임을 추적할 수 있는 장치를 사용하면, 글을 어떤 식으로 읽는지, 글의 어느 부분에 초점을 두고 읽는지, 어떤 과정으로 읽는지 추적할 수 있다. 영어는 문장이 좌에서 우로 배열되어 있으므로 당연히 글을 읽을 때도 좌에서 우로 읽어야 정상이다.

그러나 우리나라 학생들은 영어를 읽을 때 문법 교육의 영향으로 우에서 좌로 읽거나 어떤 단어를 한참 들여다보아 읽기가 잘 진행되지 않는 경우가 많다. 이것은 능숙한 읽기의 정상적인 진행이 아니다. 처음에는 우에서 좌로 가기도 하고 앞으로 돌아와서 다시 읽기도 하겠지만, 그런 과정을 거쳐서 결국에는 좌에서 우로 빨리 읽을 수 있도록 해야 한다. 다독은 그렇게 하기 위한 필수 훈련 과정이며, 우리나라 학교 영어교육에서 강조될 필요가 있다. 학생 개개인도 다독 훈련을 해야 읽는 것에 능숙해진다. 지하철에서 본 중년 부인이 이런

저런 다른 것을 하면서도 쉽게 실을 엮는 것처럼 글을 빠르고 쉽게 읽기 위해서 다독은 필수다.

다독의 핵심은 비교적 쉬운 글, 읽는 사람이 쉽게 접근할 수 있는 수준의 글을 읽는 것이다. 오히려 수준보다 조금 쉬운 글을 선택하는 것이 좋다. 모르는 어휘가 많지 않은 것을 골라야 한다. 흔히 그것을 '다섯 손가락 규칙five finger rule'이라고 하는데, 다독을 할 경우 글의 난이도를 판단하는 데 이 규칙을 적용할 수 있다. 물론 다섯 손가락 규칙은 미국 아이들이 책을 고를 때 사용하는 기준이어서 우리에게는 정확하게 맞지 않을 수 있다. 하지만 책의 한 쪽에 모르는 단어가 다섯 개나 있다면 그건 아이에게 어려운 책일 가능성이 높다. '다섯 손가락 규칙'은 챕터 북 정도 길이의 책에 적용해 볼 수 있다.

책에 나오는 단어를 모두 알고 있으면, 그런 책을 읽는 것이 무슨 훈련이 되느냐고 물을 수 있다. 하지만 아이들이 책을 두루 읽는 경험은 글을 읽는 절차적 지식을 얻는 데 도움이 된다. 그런 면에서

◆ **Five Finger Rule for Reading**

0-1 words: too easy
1-2 words: a perfect fit!
3-4 words: give this book a try
5+ words: too challenging

영어로 된 글을 읽을 때 읽는 아이의 수준과 관심, 그리고 흥미를 잘 고려하여 적절한 수준의 책을 정하는 것이 중요하다. 물론 일방적인 결정보다 아이에게 선택권을 주는 것도 스스로의 결정에 책임감을 느끼게 하는 데 도움이 될 수 있다. 그렇게 두루 널리 많이 읽어야 한다.

듣기, 읽기, 말하기, 쓰기 중 무엇을 먼저 해야 할까?

자녀의 영어교육은 읽기부터 시작하는 것이 좋을까, 아니면 듣기나 말하기 혹은 쓰기를 먼저 시작하는 것이 좋을까? 우리 아이가 무엇을 먼저 배우는 것이 영어학습에 가장 효과적일까? 13장에서는 영역별 영어학습의 순서와 방법에 관해 살펴보려 한다.

영어 능력: 듣기, 읽기, 말하기, 쓰기

영어 능력은 크게 듣기, 읽기, 말하기, 쓰기의 네 가지로 구분할 수 있다. 학교 영어교육도 네 가지를 기준으로 분류한다. 물론 읽고 듣는 것을 하나로 묶고, 말하고 쓰는 것을 하나로 묶어, 표현과 이해 기능으로 구분하기도 한다. 때로는 읽기와 쓰기 영역을 하나로, 듣기와 말하기 영역을 하나로 묶기도 한다. 말하고 듣는 것은 말과 관련되고, 읽고 쓰는 것은 문자와 관련된 영역이다. 음성 언어인 듣기와 말하기가 언어language와 관련된 능력이라고 하면, 읽고 쓰는 것과 관련된 것은 문해력literacy이라고 할 수 있다.

영어에서 무엇을 우선해야 하는지 답하는 것은 쉽지 않다. 모국어와 외국어는 역할도, 목적도, 배우는 과정도 다르다. 영어는 주로 학교에서 배우므로 학교에서 무엇을 강조하여 우선 가르치느냐도 영향을 미친다. 학교에서 배우는 영어는 교육과정, 영어 시험에 등장하는 내용, 영어 교사, 수능 시험 등 다양한 요소의 영향을 받는다. 초등학교 시절에는 비교적 자유롭게 영어를 배우지만, 중고등학교에 들어가면 내신과 수능 등의 평가가 큰 영향을 미친다.

영어를 배울 때 듣고, 말하고, 쓰고, 읽는 것을 모두 유창하게 잘할 수 있을까? 그것은 쉽지 않다. 극단적으로 말하면 학교 영어교육만으로는 불가능하다. 미국에서 중고등학교를 나와도 네 가지를 모두 능숙하게 잘하는 경우는 드물다. 특히 글을 읽고 쓰는 능력에 문제가 있는 경우가 많다. 따라서 미국은 초중고등학교에서 문해력을 강조하고, 대학에 가서도 다른 차원의 문해력을 교육한다.

그런 면에서 우리가 영어를 배울 때는 네 가지 기능 중에서 무엇을 먼저 배우고 어느 수준까지 익힐 것인지 생각해야 한다. 얼만큼의 시간과 돈 그리고 노력을 들여서 어느 수준까지 갈 수 있을지, 그랬을 때 효용성은 얼마나 되는지 생각해야 한다. 영어가 모국어이거나 미국에 이민 가서 살 계획이 있거나 매일 영어를 써야 하는 직업을 가질 예정이라면 그 선택은 달라지겠지만, 그렇다고 어린 시절부터 그걸 목적으로 영어공부를 할 수는 없는 노릇이다.

어린 자녀에게 추천하는 방법

일단 영어를 접하는 시기에 따라 다르게 접근할 수 있다. 유치원이나 초등 저학년의 경우라면 아무래도 글보다 말이 좀 더 익숙하므로 말을 먼저 시작할 수 있다. 문자 학습은 어린아이들에게는 아직 좀 낯설다. 어린아이들이 문자를 명확하게 구별하여 인지하는 것은 어려운 일이다. 서로 다른 두 개의 글자는 글자의 모습, 높이, 닫힌 원인지 열린 원인지 등 약간의 차이로 서로 달라진다. 영어의 경우, 'i'와 'l'은 길이의 차이로 서로 구분되고, 'b'와 'd' 그리고 'p'와 'q'는 각각 서로 대칭이다. 'm'과 'n'의 경우도 언뜻 보면 비슷하다. 나이가 어리다면 이런 미묘한 차이를 구분하는 것이 쉽지 않다.

흥미로운 점은 인간은 좌우 대칭이 되는 어떤 사물을 같은 것으로 인식한다는 것이다. 야생에서 위험한 동물을 만났을 때, 좌우 대칭이 되는 것을 다르게 인식하면 위험에 처할 수도 있다. 왼쪽 방향에서 본 사자나 오른쪽 방향에서 본 사자를 모두 같은 사자로 인식해야 생명을 유지할 수 있다. 인간은 오랜 진화의 과정을 통해서 좌우 대칭이 되는 것을 같은 것으로 인식한다. 왼쪽에서 사자가 달려들어도 사자로 인식하고, 오른쪽에서 사자가 다가와도 사자로 인식한다.

하지만 글자의 경우는 좀 다르다. 영어의 'b'와 'd', 'p'와 'q'를 거울로 비춰 보면 좌우 대칭이 되므로 3-4세의 아이들은 이런 글자를 같은 것으로 본다. 숫자 6과 9의 경우도 거울을 비춰 보면 서로 대칭이다. 어린아이의 눈에는 6과 9가 잘 구별되지 않는다. 글자를 모르고 평생 살다가 예순이 넘어 글자를 배우는 경우, 처음 배우는 글자인 'p'와 'b'를 잘 구분하지 못한다. 본능은 좌우가 대칭이니 같은 것이라고 말하는데, 눈은 서로 다른 글자라고 인식해야 한다. 두 글자가 다르다고 인식하기 위해서는 본능을 억압하는 훈련이 필요하다. 한 영어 교사에 의하면 고등학생이 될 때까지 'p'와 'q'를 구별하지 못하는 학생이 있다고 한다.

말을 어느 정도 익히게 되면, 글을 읽는 것을 시작해도 좋다. 그 시기는 우리글을 읽는 능력을 충분히 갖춘 다음에 해도 늦지 않다. 책에 흥미를 붙이는 것이 먼저다. 글이 생각을 전달하는 수단이라는 것도 알아야 한다. 논리적으로 사고하고, 상대방의 마음을 이해할 수 있어야 한다. 정신을 집중해야 하고, 앞 문장과 뒷 문장을 잘 연결해서 읽어야 한다는 것도 알아야 한다. 우리글을 먼저 익히게 되면, 영어로 된 글을 읽을 때 이런 능력을 별도로 배우지 않아도 된다. 영어에만 집중하면 된다.

이해 능력

최근에는 학교 영어교육과정에서 영어 능력을 이해와 표현으로 구분한다. 언어를 이해하는 것은 읽고 듣는 것에 해당한다. 읽고 듣는 행위에서 들어오는 정보의 형태는 다르지만, 메시지를 이해한다는 측면에서는 유사성이 많다. 듣고 이해하는 능력이 우수한 아이라면 글을 읽고 이해하는 능력도 상대적으로 높다. 듣고 이해하는 능력과 글을 읽고 이해하는 능력 사이에 높은 연관성이 있다는 연구도 많다. 듣고 이해할 수 있어야 글도 잘 이해한다는 의미다.

하지만 학년이 올라갈수록 아이의 일상에서 우리말 노출이 늘어나고 영어와는 조금씩 멀어진다. 학교 공부가 부담이 되기 시작하고, 배우고 읽어야 할 것도 늘어난다. 우리말 능력은 지속적으로 향상되지만, 영어 능력은 빠르게 늘지 않는다. 인지 능력은 향상되지만, 영어를 듣고 읽는 능력은 그에 따라가지 못한다. 그럼에도 불구하고 흥미를 잃지 않고 적절한 수준의 영어책을 읽을 수 있도록 도와주는 것이 필요하다.

특히 이 또래 아이들에게 그림보다 글이 많은 챕터 북 수준의 책을 읽을 수 있도록 이끌어 주는 것은 중요하다. 이런 정도의 글을 혼자 읽을 수 있으면, 그다음은 비교적 편하다. 아이의 흥미에 맞는 책을 권해 주거나 아이 스스로 찾아 읽게 하면 되기 때문이다. 어린 청소년을 위한 영어책은 종류도 다양하고 아이들의 흥미를 끌 만한 내용도 많다. 책을 오디오를 들으면서 읽는 것도 도움이 된다. 읽기와 듣기를 동시에 할 수 있기 때문이다.

　우리나라에서 영어를 익히고 배우는 상황에서 어느 것을 먼저 하고 어떤 것을 나중에 해야 한다고 정하기는 어렵다. 영어가 모국어가 아니고 외국어인 상황에서 순서를 정하는 것은 의미가 없을 수 있다. 모국어라면 자연스럽게 말보다 글자를 나중에 익히게 되지만, 외국어로서 영어는 그렇게 되기는 어렵다. 완벽하게 영어를 익히고 글을 읽는 상황은 거의 만들어지지 않는다. 부모 중 누군가가 영어를 사용하거나 영어가 주로 사용되는 환경에서 아이가 성장하지 않는 이상, 그런 조건을 갖추는 것은 거의 불가능하다. 그러니 다양한 듣기나 읽기 활동을 통해서 영어에 노출될 수 있는 환경을 많이 만들어 주는 것이 중요하다.

영어에의 노출, 얼마든지 가능하다

세상이 많이 달라졌다. 예전에는 영어를 듣거나 말해 보는 것이 쉽지 않았다. 카세트테이프를 듣거나 미군 방송 TV를 보는 것 외에는 영어를 들어 볼 기회가 많지 않았으며, 종류도 몇 가지 되지 않았다. 그마저도 많은 비용을 주고 구매해야 했다. 하지만 요즘은 유튜브에서 다양한 콘텐츠를 제공한다. 영어로 된 정보나 자료를 원하면 얼마든지 구할 수 있다. 유아용 콘텐츠도 있고, 영어를 배우려는 성인들을 위한 영어학습 콘텐츠도 무궁무진하다. 영어를 좀 들을 줄 안다면, 콘텐츠는 거의 무한대로 열려 있다. 종류도 다양해서 뉴스는 물론 연설, 여행, 다큐멘터리, 영화 등 상상할 수 있는 거의 모든 것을 얻을 수 있다.

우리나라 영어교육에서 중고등학교 시기는 어떤 면에서 블랙홀이라고 할 수 있다. 시험은 그 시기 영어교육의 모든 것을 빨아들인다. 시험에서 다루는 내용만 가르치고 공부한다. 초등학교에서는 이것저것 다양하게 익히지만 중고등학교 과정은 그렇지 못하다. 대학에 입학하거나 사회에 진출하면 영어의 수요는 또 달라진다.

그러니 한국인들이 영어를 배우는 조건에서는 언제, 무엇을 처음으로 공부했다고 해도 일관성 있게 밀고 나가기 어렵다. 유치원 시절에 말을 좀 배우고, 초등학교에 입학하면 말도 배우고 글도 배운다. 그러다 중고등학교에 가면 주로 글만 읽고 듣는 것은 조금 익힌다. 문법 교육이 강고하게 자리잡고 있어서, 그걸 익히느라 많은 시간을 허비한다. 그리고 대학에 입학하거나 사회에 나오면 다시 듣고 말하는 것을 배우려고 영어 회화 학원을 기웃거린다. 특별한 경험이 없다면 이것이 한국인들이 영어를 익히는 일반적인 과정이다.

하지만 중고등학교 6년이라는 긴 시간 동안 말보다 글을 우선하여 배웠다고 해서 그것이 낭비라고 보긴 어렵다. 말보다 글을 먼저 접하는 것이 효율적일 수 있다. 말을 접하려면 사람을 만나야 하는데 원어민을 만나는 것은 우리 환경에서 쉽지 않기 때문이다. 사람을 만나고 싶으면 돈을 지불해야 하지만, 글을 읽는 것은 비용도 저렴하고 콘텐츠도 비교적 많다. 더욱 중요한 것은 양질의 고급 정보는 대개 말보다 글로 되어 있다는 것이다. 그러니 글을 읽을 수 있는 능력을 기르는 것은 괜찮은 방법이다. 중고등학교 시기에 그것 하나만 제대로 배우더라도 좋다.

글은 필요하면 두고두고 다시 볼 수 있다. 말도 반복해서 들을 수 있지만 버튼을 눌러 필요한 부분을 찾아야 한다. 하지만 글은 시선만 돌린다면 원하는 부분으로 쉽게 되돌아갈 수 있다. 반복해서 활용할 수 있는 것이 문자와 글의 특성이다.

무엇보다 읽기의 좋은 점은 글을 읽는 과정에 소리를 결합할 수 있다는 것이다. 글을 읽는 능력을 향상하기 위해 소리를 결합하는 훈련은 오래전부터 사용되었다. 이 방법은 우리나라 학생들의 읽기 훈련에도 도움이 될 수 있다.

일반적으로 우리나라 학생들은 영어로 된 글을 읽는 속도가 많이 느리다. 문법을 의식적으로 생각하고 번역하는 습관이 있어서다. 이런 경우 들으면서 읽는 것은 영어를 읽는 속도를 올리는 데 도움이 된다. 눈으로만 읽을 때는 학생이 스스로 소리 정보를 머릿속에서 찾아야 하지만, 듣게 되면 비교적 빨리 소리 정보에 접근할 수 있다. 문자를 보고 단어를 인지하는 순간 그 단어의 소리가 흘러나와서 단어와 소리가 연결되는 것이다. 더불어 소리는 글의 의미를 이해하는 것을 돕는다. 특히 이야기의 경우 글을 읽어 주는 사람의 목소리나 억양, 효과음 등이 내용을 이해하는 데 도움을 줄 수 있다.

물론 이런 경우에 말소리의 속도가 너무 빠르면 문제가 될 수 있다. 눈이 말소리를 제대로 따라가지 못하면 결국 내용을 이해하지 못하게 되고 말소리는 무의미해진다. 따라서 읽는 속도에 맞춰서 말소리가 흘러나오는 것이 바람직하다. 읽는 속도보다 약간은 빨라도 괜찮다. 그렇게 말소리가 읽는 것을 이끌어 갈 수 있다. 소리가 일종의 페이스메이커pacemaker 역할을 하는 것이다. 그런 식으로 하면 비교적 많은 내용을 읽을 수 있다. 중간에 자꾸 멈추거나 뒤로 가려고 하는 등 다른 행위를 하는 것을 제어할 수 있다. 말소리가 계속 흘러나오기 때문에 눈은 앞으로, 앞으로 이동한다.

외국어는 표현해야 할 경우보다 이해해야 할 경우가 많다

우리의 일상에서 영어는 주로 말을 하기보다 듣는 경우가 많고, 글을 쓸 경우보다 읽는 경우가 더 많다. 21세기 초반 우리 사회에 영어 광풍이 불어 영어교육을 혁신적으로 바꿔 보려고 했을 때도 "영어를 10년 배워도 말을 한 마디도 못한다."는 말을 많이 했다. 물론 영어교육의 문제점을 극단적으로 표현한 말이었고, 그 맥락에는 좀 왜곡되고 과장된 부분이 있었다. 영어를 한마디도 못했을 리는 없지만 제대로 된 영어를 못했을 것이라고 생각한다. 그러나 제대로 말하기 전에 제대로 알아듣고 읽었을지, 제대로 쓰기는 했을지 알 수 없다. 아마도 영어 실력이 가장 적나라하게 드러나는 부분이 말하기였기 때문이 아닐까. 글은 미리 준비하면 되고, 읽는 것은 시간을 가지고 천천히 할 수 있다. 하지만 말을 해야 하는 상황은 아무런 준비 없이 다가오는 경우가 많다. 따라서 10년이나 영어를 배웠지만 말을 못하는 것이 가장 도드라져 보였던 것이다.

 하지만 실제 영어의 쓰임새를 생각하면 잘 읽고, 잘 들을 수만 있어도 크게 문제가 없다. 두 경우가 쓰임새가 가장 많다. 미국에서 공부할 때 홍콩에서 온 학생을 만날 기회가 있었다. 그는 나를 보고는 무척이나 반가워했다. 그가 한국어 배우는 것을 좋아했기 때문이다. 그와 대화를 나누는 동안 내가 말을 하고 그는 주로 들었다. 인상적인 점은 그가 필요한 대목마다 적절하게 "아, 그래요.", "네, 그런가요.", "고맙습니다."라는 말을 곧잘 했다는 것이다. 그는 일단 내가 하는 말을 잘 알아들었다. 말을 듣고 필요한 맥락에서 간단한 우리말로 몇 마디 했을 뿐이지만 나와 대화를 이어가는 데 아무런 막힘이 없었다. 그때 나는 그가 한국어를 매우 잘한다고 느꼈다. 이처럼 외국인과 소통을 할 때는 상대방이 하는 말을 잘 알아듣고 정말 필요한 말만 해도 충분하다.

 우리가 외국인으로서 영어를 쓰는 경우 유창하게 하고 싶은 말을 다 하기는 어렵다. 하지만 필요에 따라서 "Yes.", "No." 또는 "I don't think so.", "Well, really?" 정도라도 맥락에 맞게 표현하면, 상대방과 소통하는 데 아무런 문제가 없다. 그만큼 잘 들을 수 있다는 것은 중요하다.

달라진 세상에서 어떤 능력이 더 필요할까?

최근에 챗GPT와 같은 생성형 AI가 등장하기 시작했다. 생성형 AI는 문장을 만들어 주는 프로그램이다. 자유롭게 번역도 한다. 이전에도 문장을 번역해 주는 프로그램이 있었지만, 문장을 만들어 주는 생성형 AI 프로그램은 없었다. 챗GPT에게 특정 영어 문장을 요구하면 만들어 준다. 이때 챗GPT에게 요청을 하는 문장은 완벽한 영어가 아니어도 상관없다. 물론 어느 정도 소통을 하기 위해서 영어로 글을 쓰려면 약간의 작문 능력이 필요하다. 하지만 이마저도 우리말로 쓰고, 영어로 번역을 해 달라고 해도 된다.

이때 AI가 생성한 영어 문장을 그대로 쓸 것인지 변형을 할 것인지 판단해야 한다. 만약 생성된 영어가 무슨 내용인지 판단하지 못한다면 사용하는 데 한계가 있을 것이다. 어떤 내용인지도 모르고 마음대로 갖다 쓰는 것은 위험할 수 있다. 따라서 생성된 글이 어떤 내용인지 빨리 읽고 판단할 수 있어야 한다. 물론 챗GPT는 한글로 번역도 해준다. 하지만 영어로 바로 읽고 판단하고 다시 수정해서 더 좋은 내용을 만들어 낼 수 있는 것과 그 내용을 일일히 번역하고 다시 번역하며 확인하는 식으로 챗GPT를 쓰는 것에는 엄청난 차이가 있다. 영어를 통해서 얻을 수 있는 이득이다.

결론적으로 무엇을 먼저 배우고 익히는 것이 좋을까? 어차피 우리나라에서 한 가지를 완벽하게 익히고 다음 것을 배울 수 있는 조건은 잘 만들어지지 않는다. 듣고 말하는 것을 배우다가도 곧 읽는 것을 배워야 한다. 어느 것 하나 제대로 능숙하게 영어 능력을 기르는 것이 쉽지 않다. 그러니 뭘 해도 꾸준하게 하는 것이 최선의 방책이다. 많이 듣고, 많이 읽는 것이 훨씬 경제적이고 효과도 크다. 영어교육에서는 그 둘을 광범위한 듣기extensive listening와 광범위한 읽기extensive reading로 표현하기도 한다. 그런 기회를 많이 갖고 꾸준히 하는 것이 무언가를 먼저 시작하는 것보다 더 중요하다.

영어 문법 공부는 필요한가?

우리나라 영어교육에서는 문법을 무척 중요하게 가르친다. 하지만 이제 막 영어를 배우는 학생들은 문법 공부에 많은 시간을 들이지 않는 것이 좋다. 13장에서는 오랜 시간 문법을 공부하는 것이 왜 바람직하지 않은지, 영어를 배우기 시작하는 학생들은 영어를 어떻게 공부하는 게 좋을지 이야기하려 한다.

정확성과 능숙도

영어를 가르치고 배우는 방식은 크게 두 가지로 구분할 수 있다. 하나는 정확성accuracy에 초점을 두는 것이고 다른 하나는 능숙도fluency에 초점을 두는 것이다. 한때 '능숙도 먼저fluency first'라고 해서 영어를 가르칠 때 능숙도를 강조한 적이 있다. 영어를 정확하게 구사하는 것보다 능숙하게 말하는 것이 먼저라는 점을 강조한 것이다. 능숙하게 말하는 것의 반대 개념을 '정확성 먼저accuracy first'라고 한다면,

우리나라 영어교육은 전반적으로 정확성을 강조한다. 그리고 그 중심에는 문법이 있다.

문법은 언어가 운영되는 규칙이나 패턴이다. 단어를 마음대로 배열한다고 해서 모두 언어가 되는 것은 아니기에, 언어 구성의 규칙과 패턴을 공부한다. 하지만 우리나라 영어교육은 문법과 정확성을 지나치게 강조하는 탓에 유창성을 길러내지 못하는 것이 문제다. 문법적으로 정확하고 완벽하게 영어를 하려고 하니 말이 잘 안 된다. 그뿐만 아니라, 완벽하게 할 수 없음에도 불구하고 정확성에 대한 심리적 압박이 심하다. 정확하게 말하지 않으면 마치 소통이 안 될 것 같은 느낌을 갖는다. 일상 대화를 할 때도 정확하게 말하기 위해 자신을 통제하는 경향이 많이 나타난다. 말로 소통하는 데는 정확성이 절대적인 기준이 아님에도 불구하고 학교 교육에서 문법이나 정확성을 지나치게 강조한 결과, 영어로 소통하는 것을 어려워하고 두려워한다.

초보자가 정확하게 영어를 구사한다는 것은 말처럼 쉽지 않다. 마치 스키를 처음 타는 사람에게 완벽한 폼을 갖출 때까지 스키를 타지 말라고 하는 것과 같다. 상상하기 어려운 시나리오다. 초보자는 내려올 때 넘어질 수도 있고, 폼이 약간 일그러질 수도 있다. 그럼에도 불구하고 계속해서 시도하며 조금씩 폼을 배우고 점차 능숙해진다. 이 과정에서 코치가 있다면 지도를 받을 수도 있다. 우리는 뭔가를 배울 때 그런 과정을 거쳐서 나아진다.

하지만 학교라는 특수한 환경에서는 우리가 잘 의식하지 못하면서 오랜 관행처럼 이어지는 것이 있다. 영어를 한번 가르쳐 주면 학생이 완벽하고 정확하게 해내기를 기대하고, 그런 기준으로 학생들을 평가한다. 참으로 아이러니한 모습이다.

이처럼 문법을 기초로 정확성을 강조하다 보니 배운 것을 행동으로 옮기는 것이 두렵고, 영어를 쓰거나 말하면 틀리지 않을까 염려한다. 나 역시도 그런 심리적 압박을 벗어나는 것은 쉽지 않았다. 2000년대 초반 한국영어교육학회 총무를 맡고 있을 때 국제학회가 열렸다. 국내외 학자들 50여 명 정도가 모여서 점심식사를 한 뒤 학회 장소로 이동해야 하는 상황이었다. 외국인 학자들도 있으니 당연히 영어로 이야기해야 했는데, 점심 식사를 마무리하자는 표현으로 문득 머릿속에 'wrap up'이라는 표현이 떠올랐다.

순간 우리가 일반적으로 사용하는 '랩'의 의미처럼 "이제 점심시간을 싹 마무리 포장해서 다시 학회 장소로 갑시다."라고 표현할 수 있겠다는 생각이 들었다. 그래서 "Did you enjoy the meal? Now it's time to wrap up the lunch time.(식사는 맛있게 하셨나요? 이제 점심 식사를 마무리할 시간입니다.)" 이렇게 말했다. 이 표현을 이전에 사용했던 적도 없었고 원어민들이 사용하는 것을 들어 본 기억도 없었다. 확신이 없었지만 '랩'이라는 표현을 쓰면 왠지 의미가 잘 전달될 것 같았다. 물론 외국 학자들은 나의 의도를 잘 알아들어 점심을 마무리하고 학회 장소로 이동했다. 이후 그 표현은 머릿속에 계속 맴돌았다. 나

중에 사전을 찾아보니 실제 어떤 모임을 마무리한다는 뜻이 있었다. 이 일화처럼 영어는 창의적으로 쓰면 된다.

우리는 어떤 뜻을 전달하기 위해서는 반드시 특정한 영어 표현만 사용해야 한다는 잘못된 생각을 갖고 있다. '점심 식사를 마무리하자'고 할 때, 그 뜻이나 의도를 전달할 수 있는 표현은 수없이 많다. 어떻게 표현하든 의도만 잘 전달되면 소통은 가능하다. 그러나 영어의 문법적 정확성을 강조하고 특정 표현만 맞다고 강조하다 보니, 사람들은 반드시 그 표현이 아니면 안 된다는 생각을 많이 한다.

「해리포터」를 읽는데 'goed'

어느 날 학부모를 대상으로 한 강연이 끝난 뒤 학부모 한 분이 다음과 같은 질문을 했다. "저희 아이가 초등학교 4학년인데 『해리포터』를 원서로 읽어요. 읽고 나서 영어로 요약해 보게 하면 A4 용지 한 장 정도로 요약을 해요. 그런데 아이가 'went'라고 쓰지 않고, 자꾸 'goed'라고 쓰는 데 어떻게 하죠?"

이 아이는 무슨 문제가 있는 것일까? 초등학교 4학년이 『해리포터』를 원서로 읽을 정도로 영어를 잘하는데 그 쉬운 'went'와 'goed'를 구분하지 못해서 'goed'라고 계속 실수를 하는 이유는 무엇일까? 많은 학부모들은 초등학생 자녀가 『해리포터』를 원서로 읽고, 읽은 내용을 A4 한 장 정도로 요약할 수 있으면 행복해할 텐데, 그 학부모는 'goed'라고 쓰는 것이 영 못마땅했던 모양이다.

나는 그 질문을 받고 살며시 미소를 지으면서 이렇게 말했다. "그냥 내버려 두시라. 이 아이의 영어 발달에서 보면 매우 자연스러운 현상이다. 제가 보기에 이 아이는 영어를 자연스러운 환경에서 습득한 것이다. 학교에서 문법을 배우고 해석하고 그런 식으로 영어를 배운 게 아니라, 책을 읽고 즐기면서 자연스럽게 영어의 규칙을 익힌 것이다. 무슨 '선언적 지식'을 배운 게 아니고, 글을 읽으면서 자연스럽게 영어의 규칙을 터득한 것이다. 이런 정도의 영어 수준에 올라가 있는 아이에게는 일반적으로 나타나는 현상이다."

영어를 모국어로 익히는 아이들에게도 이런 현상이 나타난다. 'went'를 잘 쓰다가 어느 순간 'goed'라고 말을 하는 시기가 있다. 그러다 시간이 지나면 'went'를 다시 정확하게 말한다. 규칙동사의 과거시제를 표현할 때 -ed를 붙이는데, 원어민 아이들이 영어를 습득하는 과정에서 이것을 과잉일반화overgeneralization 하는 시기가 있다. 질문한 학부모의 아이도 책을 통해서 영어에 노출되었고 그 과정에서 영어의 과거시제 형태를 과잉일반화 한 경우다. 이런 현상을 학자들은 U자 행동U-shape behavior이라고 부른다.

시간이 지나면 아이는 더 많은 영어에 노출될 것이다. 영어를 의식적으로 배우는 과정에서 과거를 표현할 때 규칙적인 변화와 불규칙적인 변화가 있다는 것을 알게 되면 자연스럽게 'went'를 쓰게 될 것이다. 그것 때문에 학교 시험에서 엉뚱하게 감점을 당하지만 않는다면 아무런 문제가 없다. 오히려 그 아이는 바람직하게 영어 능력을 기르고 있는 것이다.

학교에서 영어를 배워서 이런 현상이 나타나는 경우는 거의 없다. 그 정도까지 영어에 노출되는 경우도 없을 뿐 아니라, 그 정도 수준까지 영어를 유창하게 구사할 수 있는 학생들도 많지 않다. 물론 정확성이나 문법을 과도하게 강조하기 때문에 그런 행동을 하게 되면 이런저런 식으로 벌(?)을 받게 될 것 같다.

아이들이 영어를 습득할 때 나름의 순서가 있다는 연구가 많다. 예를 들어 영어에서는 be 동사에 -ing를 붙여서 진행되는 상태를 표현하는데, 일반적으로 '진행형'이라고 부르는 형태다. 아이들은 현재진행형을 제일 먼저 배운다. 그 다음에 전치사 in, on을 배우고, 다음에 복수를 나타내는 -s를 배운다. 규칙 과거형에 붙는 -ed는 영어의 다른 규칙에 비해 상대적으로 습득하는 순서가 늦다.

앞에서 언급한 그 아이는 이런 순서로 영어의 규칙을 습득한 것으로 보인다. 우리 주변에 영어를 능숙하게 하는 경우라도 규칙 과거형 -ed를 정확하게 쓰는 경우는 많지 않다. 대개 불규칙 과거는 사용하면서도 규칙 과거는 사용을 못하거나 필요한 경우에 -ed를 넣지 않고 말하는 경우가 많다. 만약 어떤 사람이 규칙 과거 -ed를 정확하게 잘 붙인다면, 그 사람은 영어를 상당히 잘하는 사람이다.

3인칭 단수 현재일 때 '-s'를 붙이는 것도 습득 순서가 상당히 늦

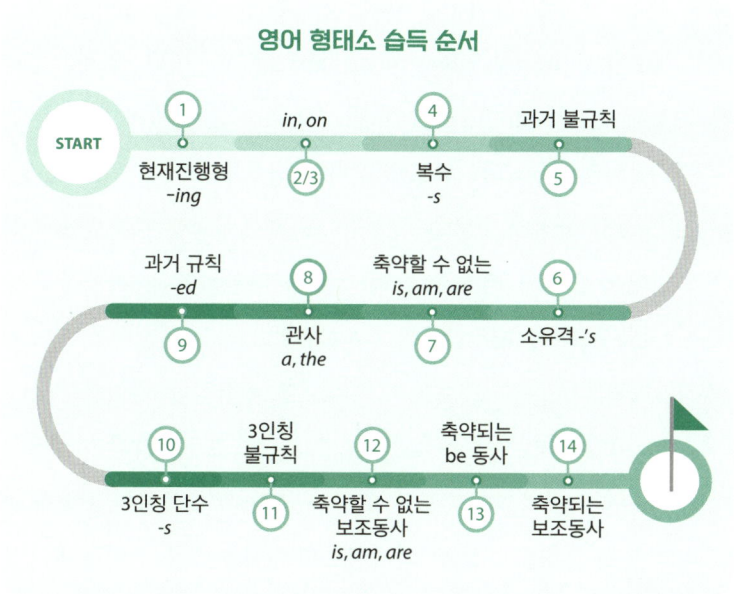

다. 어떤 사람이 영어로 말할 때 3인칭 단수 현재 '-s'를 정확하게 붙인다면, 그 사람의 영어 능력은 우리나라에서 아마도 0.1%에 속할지 모른다. 영어 진행형의 경우에도 학교에서는 be 동사와 -ing를 결합해서 사용해야 한다고 가르치지만, 초보자의 경우 실제 사용할 때는 be 동사를 빼고 쓰는 경우가 많다. 영어를 조금 할 줄 아는 사람이 자연스러운 상황에서 대화를 할 때 그렇게 사용하는 것을 흔히 목격할 수 있다.

학생들에게 집이나 교실을 영어로 묘사하거나 말해 보라고 하면, 초기 단계의 아이들은 대개 자기가 알고 있는 단어를 이용해서 "air conditioner, white board, chair, TV" 이런 식으로 말하지, "There is a white board." 이런 식으로는 잘 말하지 못한다. 간혹 "There white board" 정도로 말하는 경우도 있지만, "There is a white board." 이렇게 말하는 경우는 드물다. 이렇듯 영어를 습득하는 과정에서 초기에 'there is/there are'를 구분하거나 be 동사를 넣어서 'there is'를 제대로 말하는 경우는 잘 나타나지 않는다. 어느 정도 시간이 지나고, 능숙해져야 이런 식으로 표현할 수 있다.

학교에서 이런 정도의 표현은 대개 중학교 1학년이면 배우고 초등학교 영어 교과서에도 등장할 만한 표현이다. 하지만 문법을 아는 것과 문법 구조를 대화할 때 자연스럽게 사용하는 것은 별개의 문제다. 복수에 -s를 붙이거나, 3인칭 단수 현재 동사에 -s를 붙이는 이유를 말로 설명하는 것은 쉽지만, 그런 문법 표현을 자유자재로 사용하는 것은 때가 돼야 가능하다. 조금 영어를 할 줄 아는 사람이 의식적으로 "오늘 내가 반드시 이 표현을 정확하게 써서 말을 한번 해봐야지." 하는 마음을 먹지 않는 이상, 일상 회화에서 제대로 사용하는 것은 어렵다.

문법을 통한 정확성 추구

원어민들과 유사하게 표현하기 위해서 문법을 어느 정도 아는 것은 필요하다. 영어의 규칙을 좀 알아야 나름대로 단어를 조합해서 표현할 수 있다. 그러나 초기에 문법을 모두 정확하게 알고 쓴다는 것은 말이 되지 않는다. 문법은 영어라는 언어를 익히는 과정에서 고쳐 나가면 된다. 문법은 코치가 제공하는 일종의 피드백 같은 역할을 할 수 있다. 실수나 오류가 계속 반복될 때나, 이 정도 수준에서는 한 번쯤 이런 오류나 실수를 고치는 것이 좋겠다고 판단될 때 피드백을 받는 것이 도움이 된다.

하나의 외국어를 배우고 익히는 것은 완벽하지 않은 중간언어 interlangauge 단계를 지속적으로 거치는 과정이다. 그 과정에서 영어 교사나 원어민도 피드백을 제공할 수 있다. 그 피드백은 문법일 수도 있고 영어 사용에 대한 다양한 정보일 수도 있다. 좀 더 적절하고 바람직한 사례를 들려주고 보여 주는 경우다. 그런 과정을 통해서 조금씩 완벽한 모습을 갖춰 가는 것이 영어와 같은 외국어를 배우는 과정이다.

영어를 배우는 초기에 문법을 전부 가르쳐 주고, 완벽하게 사용하기를 기대할 수는 없다. 예를 들어, 우리가 학교에서 많이 배우는 내용 중에 'had better, should, must, have to' 같은 표현이 있다. 별로 어려운 내용도 아니고, 특히 had better는 중학교 2학년 정도면 배우는 내용이다. 그렇지만 그런 표현을 정확하게 알고 사용할까? 네 개의 표현 중에서 어떤 표현이 뭔가를 해야 하는 강요나 의무의 느낌을 가장 강하게 담고 있을까?

대개 must나 have to를 선택한다. 그 다음으로 강한 표현으로는 대개 should를 선택한다. 강요나 의무의 의미가 가장 약한 것으로는 had better를 꼽는다. 학교에서도 그렇게 가르치는 경우가 많다. had better는 우리말로 '-하는 게 좋아' 정도로 배우고 가르치므로 이런 식으로 알고 있는 경우가 많고, 잘못 알고 있다는 의심도 하지 않는다. 나도 어느 시점까지는 이 표현들 사이에 큰 의미 차이가 있다는 것을 몰랐다.

오래전 영어를 전공하는 지인에게 'had better'가 'should'보다 강한 의미를 담고 있다는 말을 들었다. 우리말로 설명하면, 'had better'은 '너 ~하는 게 좋아. 그렇지 않으면 위험에 처할 거야. 아니면 큰일 날 거야'라는 경고의 뜻이고, 'should'는 '~하는 게 정당하고 바람직해'라는 뜻이다. 그의 말에 따르면 'had better'가 'should'보다 더 강한 강요나 경고의 의미를 담고 있었다. 지금껏 had better를 '~하는 게 좋아' 정도로 알고 있었는데 말이다.

강의에서 영어교육과 학부생들에게 이런 이야기를 했더니, 카투사를 다녀온 어느 학생이 부대에서 겪은 이야기를 들려줬다. 어느 날 학생은 같이 근무하는 미군 장교를 호출하는 전화를 받고, 그 장교에게 "You had better go …"라고 얘기했다. 그랬더니 미군 장교가 다짜고짜 엎드려뻗쳐를 시켰다는 것이다. 학생은 처음에 무슨 영문인지 이해를 못했는데, 나중에 알고 보니 'had better'는 지위가 낮은 사병이 장교에게 쓸 만한 표현이 아니었다. 대개 엄마가 아이에게 오늘 비가 올 것 같으니 "You had better bring an umbrella."라고 말하거나, 매일 지각하는 학생에게 교사가 "You'd better not to be late next time." 정도로 말할 수 있는 표현이다. 이런 느낌의 표현을 사병이 직속 상관인 장교에게 했으니 그런 반응이 나올 수밖에 없었다. 한 언어의 문법을 정확히 알고 알맞은 문맥에서 적절하게 사용한다는 것은 말처럼 쉽지 않다.

유학 시절 한국에서 어학연수를 온 대학생이 있었는데, 하루는 그가 나에게 이렇게 말했다. "형, 영어 원어민 강사가 영 못 미더워. 문법도 제대로 모르고." 무슨 내용인지 들어 봤더니, 그 학생이 대답하기를 "아니, 지각동사 다음에는 동사원형을 써야 하는데 -ing 형태로 쓸 수 있다는 거야. 완전 엉터리지." 내가 대답하길 "원어민이 쓰는 게 맞는 거지. 너가 학교에서 배운 영어 문법은 대충 배운 것이고, 잘못된 내용도 많아. 영어는 원어민이 쓰는 게 맞는 거야. 너가 한국말을 하는데, 미국 사람이 와서 너에게 한국어 문법이 틀렸다면 말이 안 되는 거잖아."

당시만 해도 한국에서 영어를 가르칠 때 지각동사는 무조건 'see him 동사원형' 형태로 써야 한다고 가르쳤다. 만약 'see him going' 이라고 하면 틀린 거였다. 그런데 원어민 강사가 'see him going'을 쓸 수 있다고 했으니 당연히 그 원어민 강사가 틀렸다고 생각한 것이다. 어떻게 보면 그의 반응도 이해할 만하다. 한국에서 매우 엄격한 잣대로 영어 문법을 배우고 익혔으니 그런 생각을 할 수 있다.

영어 문법의 한자 용어들

학생들은 영어 문법의 한자 용어 때문에 이를 더 어렵게 느낀다. 영어 문법 용어의 관사, 정관사, 목적어, 부정관사, to 부정사, 동명사, 분사, 수동태, 목적격, 관계대명사 등은 모두 한자어다. 예전에 한자를 배운 세대는 그나마 이런 용어에 익숙했겠지만, 요즘 학생들은 한자를 잘 모르고 일상에서도 거의 쓰지 않으니 이런 한자어가 다소 난해하게 느껴질 수 있다.

영어 문법에 '품사品詞'라는 용어가 있다. 영어로 품사는 '말의 부분part of speech'이라는 뜻이다. 말을 구성하는 여러 요소들을 품사라고 한 것이다. 쉬운 우리말로 풀어 보면 아무것도 아닌데 한자어로 '품사'라고 쓰니 어렵게 보인다. 학교에서 배우는 많은 한자어는 학생들이 영어를 배우고 익히는 데 걸림돌이 된다.

부정사라는 말을 보자. 부정사不定詞, 정해지지 않았다는 뜻이다. 무엇이 정해지지 않은 것인지, to 부정사는 왜 to 부정사라고 하는지, 단어만 봐서는 알 수 없다. 동명사動名詞라고 하는 것은 동사와 명사가 합해서 만들어진 표현이다. 명사 같은 동사라는 의미다. 수동태도 마찬가지다. 수동의 형태인데 말로만 보면 이해하기 쉽지 않다. 관계대명사는 대명사인데 관계하는 대명사다. 명사를 대신하는 것을 대명사라고 하는데, 이 대명사가 관계를 맺어 주는 역할을 한다는 의미에서 관계대명사라고 부른다. 하지만 그것만으로는 이것이 무슨 관계하는 역할을 하는지 잘 다가오지 않을 뿐만 아니라, 그런 용어를 반드시 써야 하는지도 의문이다. 물론 영어 관계대명사의 종류도 한둘이 아니다. 열심히 배운다고 해서 제대로 쓸 수 있는 것도 아닌데, 중학교나 고등학교에 진학하면 그 세세한 차이와 용법을 배우느라 많은 시간을 보낸다.

연역적 접근과 귀납적 접근

학교에서 문법을 중심으로 영어를 가르치는 것은 연역적 접근이라고 한다. 영어의 규칙을 먼저 소개하고 그것을 바탕으로 영어를 활용하도록 가르치는 방식이다. 언어를 연역적 접근으로 배우는 것은 반드시 바람직한 방법은 아니다. 귀납적 접근도 가능하다. 영어의 다양한 예를 많이 접하는 것이다. 수동태 문장도 보고, 관계대명사 문장도 보고, 다양한 형태의 문장들을 많이 접해 보면서 조금씩 패턴을 익히고 알아 가는 방식이다. 앞에서 언급한 『해리포터』를 읽는 초등학교 4학년 학생이 바로 귀납적 접근으로 영어를 익힌 경우다.

아이들이 모국어를 배우는 방식은 귀납적 접근과 비슷하다. 부모가 "한국어에서 이건 이렇게 쓰는 거야. 이런 규칙이 있으니 이렇게 말하는 거야." 이런 말은 절대 하지 않는다. 아이들은 일상에서 언어에 노출되고 사용하는 과정에서 모국어를 배운다. 우리나라에서 영어를 배워서 실패한 사람들이 많은 데는 연역적 방식이 일부 책임이 있다. 물론 문법에 대한 가르침이 필요 없다는 것이 아니다. 교육자의 입장에서는 자꾸 실수하는 것을 내버려 둘 수는 없어 말의 규칙을 가르친다. 그렇다고 조금씩 배우면서 고쳐 가면 될 것을, 처음부터 완벽을 바라고 강요하는 것은 오히려 바람직하지 않다.

어느 날 글을 읽는데 한 줄에 'think of'와 'think about'이 동시에 나왔다. 그 글을 보기 전에는 두 표현이 다른 의미를 갖고 있을 것이라고 생각해 보지 못했다. 하지만 한 문장에 두 표현을 함께 사용한 것을 보면, 글쓴이는 분명 두 표현을 서로 다른 의미로 사용한 것이다.

이 책을 읽고 있는 독자들도 한번 생각해 보기 바란다. 'think of'와 'think about'은 어떻게 다를까? 인터넷에 두 표현의 차이를 묻는 글을 올렸더니, 몇몇 원어민이 이런저런 답을 해주었다. 'think about'은 '좀 더 시간을 들여서 곰곰이 생각해 본다'는 뜻이고, 'think of'는 '어떤 것들을 내 의식 속에 가져오는 일반적인 사고 행위'로 약간 차이가 있다는 식이었다. 물론 크게 구별하지 않고 쓴다는 응답도 있었다. 정리해 보면 일부 원어민들은 'think of'와 'think about'을 약간 다르게 생각하고 쓰는 것 같았고, 그 글을 쓴 저자도 아마 비슷한 생각으로 둘을 한 문장에 썼을 것 같다.

Try to와 Try -ing

'think about'과 'think of'의 차이는 학교에서 잘 가르치지 않지만, 의외로 'try to'와 'try -ing'는 참 많이 가르친다. 몇십 년 전 기억에도 중학교에서 배웠던 것 같은데, 지금도 가르치고 시험 문제에도 나오는 것 같다. 어느 날 두 표현이 정말 다른 것인지, 다르면 얼마나 다르고 어떻게 다른 것인지 궁금해졌다. 과거의 기억을 되살려 보면 'try to'는 '무엇을 열심히 노력해서 한다'는 뜻이고 'try -ing'는 '그냥 시도해 본다'는 뜻으로 배웠다. 하지만 정말 그런 차이가 있을지, 과연 두 표현은 그런 식으로 확연히 구별될지 궁금했다.

인터넷을 검색해 보면 'try to'는 '시도하다 attempt' 또는 '노력하다 make an effort'라는 의미로 설명한다. 'try to'가 뭔가를 엄청 열심히 노력하는 의미를 갖고 있다면, 'try -ing'에는 노력의 의미가 없는 것인가?

'try -ing'는 실험적으로 탐색해 보려고 하는 행동을 나타낸다고 한다. 내가 한 것이 궁극적으로 성공했는지, 어떤 결과를 가져왔는지는 확실하지 않지만 뭔가 시도는 해봤다는 의미다. 그러면 이 사람이 뭔가 시도할 때는 아무런 생각 없이 시도했을까, 아니면 시도하는 자체로도 나름의 노력은 한 것일까? 만약에 누가 "나는 조리법을 바꾸려고 여러 번 시도했다.I've tried altering this recipe."라고 말하면, 그 사람은 시도하는 과정에서 아무런 '노력'을 하지 않은 것인가?

요약하면, 'try'와 가장 유사한 단어는 'attempt'이다. 그리고 두 표현 모두 뭔가 시도한 것이고 노력도 했다. 시도를 했는데 전혀 노력이 들어가지 않았다고 말할 수는 없다. 물론 두 표현에 약간의 뉘앙스 차이는 있다. 하나는 무엇을 하려고 하는 '의도'나 '목적'을 강조하고, 다른 하나는 무엇을 시도해 본 '행동' 자체를 강조한다. 그렇다고 해서 누가 "I have tried climbing Mt. Everest one hundred times."라고 말하면, 이 사람이 에베레스트에 오르려고 노력은 하지 않고 산을 오르는 흉내만 내거나 시도만 한 것이라고 볼 수는 없다.

이 문장에 대해 챗GPT에게 물어보니 챗GPT는 다음과 같이 설명했다.

"나는 100번이나 에베레스트산을 오르려고 노력해 봤어요."라는 문장은 그 사람이 에베레스트산을 여러 차례 시도해 보았음을 나타냅니다. 이 문맥에서 그 사람이 산 정상에 도달하는 것을 목표로 여러 번의 시도를 했지만, 성공하지 못했음을 의미합니다. "그 사람이 에베레스트 정상에 도달하기 위해 상당한 노력과 헌신을 기울였다." 이 문장은 이런 어려운 산을 오르는 것의 도전과 어려움을 강조합니다. 그러나 '100번 시도했다'는 것을 언급하는 것은 반복된 노력에도 불구하고 정상에 도달하지 못했음을 시사하는 내용입니다. 이 사람의 말은 에베레스트산을 오르는 것의 목표에 대한 결단력, 끈기, 그리고 헌신을 나타내며, 그럼에도 불구하고 반복된 실패를 겪었으며, 목표를 추구하는 불굴의 의지를 보여 줍니다. 이것은 열심히 노력함에도 불구하고 에베레스트산을 오르는 것의 어려움과 반복된 실패에 대한 통찰을 나타냅니다.

어디에도 노력 없이 단순히 시도만 했다는 의미는 찾아 볼 수 없다. '노력'이라는 단어는 수차례 등장한다. 챗GPT가 한 답이니 무작정 믿을 수는 없지만, 내가 아는 원어민도 이와 비슷하게 설명했다. 아마도 'one hundred times' 때문에 더 그랬을 수도 있다. 어찌 보면 'think of'와 'think about', 'try -ing'나 'try to'의 의미 차이는 바늘 하나 정도의 차이일 수도 있다.

'think of'나 'think about'은 심각하게 구분하지 않으면서, 'try -ing'와 'try to'는 까다롭게 구분하고 마치 엄청난 차이가 있는 것처럼 가르치는 이유는 무엇일까? 아마도 오랫동안 학교 문법에서 면면히 내려오는 관례가 아닐까. 누가 먼저 그런 내용을 열심히 가르쳤는지, 아니면 어느 문법책에서 그런 내용을 상세히 설명했는지는 모르겠지만 말이다. 백번 양보해서 가르칠 수는 있다 하더라도 이런 내용을 시험에 내는 순간 정답 시비가 발생할 수 있다. 'try -ing'는 '그냥 시도해 본 것'이고, 'try to'는 '엄청나게 노력한 것'처럼 구별해서 문제를 낸다면 말이다.

곰곰이 생각해 보면, 두 표현의 의미가 근본적으로 다른 것은 아니다. 각각을 우리말로 번역하면 'try to'는 '-하려고 시도해 보다', '-하려고 해보다', '-하려고 노력해 보다'로, 'try -ing'는 '하는 것을 해 보다', '-하는 것을 시도해 보다' 정도로 해석할 수 있을 것 같다. 아무리 생각해도 두 표현 사이에는 이런 정도의 차이밖에 없는 것 같다. 그런 정도의 미묘한 차이를 중학교 1, 2학년 학생들에게 가르칠 필요가 있을까. 설령 가르친다고 해도 이런 미미한 차이를 시험 문제로 물을 필요는 없을 것 같다. 그길 구분한다고 해서, 중학교 1, 2학년 수준의 학생들이 얼마나 글을 잘 읽고 또 얼마나 유창하게 영어를 할 수 있을까.

영어 문법, 느낌으로 알아야

문법을 명시적으로 아는 것만으로는 언어를 잘하는 데 한계가 있다. 문법은 느낌으로 알아야 한다. '느낌'이라는 표현은 굉장히 비과학적인 것으로 들린다. 하지만 어느 표현의 의미가 느낌으로 다가오는 순간이 있다. 예를 들어 'all the way'라는 표현을 학교에서 배운 적이 있음에도 어느 순간 그 표현의 느낌이 하나의 덩어리로 다가오는 순간이 있었다.

　미국에 있을 때 성당에 다녔는데, 어느 날 신부님이 신자들과 사제관 거실에 모여서 점심 식사를 하고 있었다. 신자 한 분이 "신부님, 그거 어디 있어요?" 하고 묻자 신부님이 "All the way down there."라고 답했다. 실은 거실에서 보면 한쪽에 좁은 복도가 길게 나있고 신부님이 가리킨 곳은 그 좁은 복도 저쪽 끝 어느 구석진 곳이었다. 순간 'All the way'가 어떤 느낌인지 확 다가왔다. 'All the way'라는 표현을 말로 설명하려면 장황해지지만, 뜻이 느낌으로 다가오는 순간이 오면 그때부터는 그 표현을 자연스럽게 쓸 수 있다. 이렇듯 표현이 가진 뜻을 느껴야 한다. 말로 장황하게 설명해서 아는 것으로는 그 표현을 제대로 사용하기 쉽지 않다.

　학교에서는 수업시간의 10%만 문법을 가르치고, 나머지 90%는 말하고, 듣고, 쓰고, 읽는 데 사용해야 한다. 학생들이 영어를 적극적으로 활용할 기회를 줘야 한다. 아이들이 영어를 완벽하게 하지 못하더라도 필요한 경우에 간단한 피드백만 주면 된다.

　영어 문법 교육을 전부 부정하는 것은 아니다. 영어를 좀 더 정확하게 사용하려면 문법이 필요하다. 누군가 'had better'가 'should' 보다 강한 경고의 의미를 갖고 있다고 말해 주는 것처럼, 명시적으로 의미를 구분하고 어떻게 사용하는지 설명하는 것도 필요할 때가 있다. 그러나 이제 막 영어를 배우는 학생들에게는 그런 세세한 내용까지 가르치며 정확하게 사용하라고 강요할 필요가 없다. 중학생들이 왜 'try to'와 'try -ing'의 미묘한 의미 차이를 구별해야 할까. 왜 모두가 어느 단계에서는 부가 의문문을 배우고, 또 다른 단계에서는 가정법 형태를 배워야 할까. 필요할 때, 어느 정도 능숙해지고 좀 더 세밀한 의미의 차이를 구분해서 사용해야 할 단계가 되었을 때, 그때 배우면 되지 않을까. 문법의 역할은 그로서 충분하다. 문법은 기본적인 것만 가르치고, 평가는 엄격하게 하지 말자. 오히려 학생들이 영어를 자유롭게 사용하고, 표현하고, 읽어 보게 하는 것이 중심이 되어야 하며 그것이 훨씬 효율적이다.

14장

중학교 영어, 무엇이 달라질까?

중학교 영어교육은 초등학교 때와 무엇이 달라질까? 많은 학부모들은 초등학교와 중학교 영어교육을 다르게 생각하며, 중학교 영어교육에 대비하기 위해서는 무엇을 해야 할지 고민한다. 14장에서는 중학교 영어교육을 생각하는 학부모들을 위해 그 고민을 함께 나누고자 한다.

초등학교와 중학교 영어교육의 차이

초등과 중등 영어교육의 특징을 몇 가지로 정리하면 다음과 같다. 초등학교 영어 수업이 흥미와 음성 언어 중심으로 구성되고 약간의 파닉스와 읽기를 다루며 평가나 시험에서는 비교적 자유로운 반면, 중학교에 진학하면 문법, 독해, 해석 그리고 평가가 크게 중요해진다. 이런 차이가 생긴 배경을 살펴보면 단순히 초등과 중등이라는 수준의 차이만으로 설명할 수 없는 무엇이 있음을 알 수 있다.

정부가 초등 영어를 도입한 것은 세계화 정책의 영향 때문이었다. 김영삼 정부는 아이들이 학교에서 영어를 배워서 영어로 듣고 말하며 자유롭게 소통할 수 있으면 좋겠다고 판단했고, 그런 취지에서 영어교육을 초등학교 3학년부터 시작하는 것으로 정했다. 더불어 초등 영어는 문자 중심의 독해나 번역보다 음성 언어를 중심으로 하는 듣고 말하는 능력에 초점을 두었다. 이런 배경이 초등 영어교육의 성격을 결정했다.

반면 중등학교 영어교육은 수십 년의 역사를 가지고 있다. 일제 강점기 시절부터 중등학교에서 영어는 주요 교과목이었고, 입학 시험에도 빠짐없이 등장했다. 물론 해방 이후에도 중고등학교에서 영어의 위상은 변화가 없었다. 입학시험에 가장 빈번하게 등장했던 것은 영어 독해와 문법이었다.

이런 배경으로 인해 초등 교사와 중등 교사는 영어를 바라보는 태도가 근본적으로 다르다. 초등 교사들은 교실에서 영어를 자주 사용하고 상대적으로 영어를 사용하는 것에 주저하지 않는다. 이와 대조적으로 중학교나 고등학교 교사들은 독해를 중심으로 가르치고 문법의 정확성을 강조한다. 교실에서 영어를 그다지 사용하지 않으며, 영어로 말하거나 표현할 기회가 별로 없다. 중등 교사들은 대학에서 영어를 전공했기 때문에 영어 표현의 정확성이나 유창성에 대한 자의식도 강하다. 하지만 중등학교에 면면히 내려오는 영어교육과 평가 방식 때문에 젊은 초임 교사들도 새로운 방식을 도입하기 어려워한다. 그러다 보니 실용적인 영어보다는 영어 문법이나 글을 해석하고 읽는 방식의 수업이 가득하다.

왜 중등학교 영어교육에 일제강점기 시절의 관행이 아직도 유령처럼 어른거리는 것일까. 일제강점기에 많은 사람들은 일본으로 유학을 갔다. 한 연구에 따르면 일본으로 유학을 간 사람들 중에서 영문학을 전공한 사람들이 의외로 많았다고 한다. 당시 일본 대학의 영문학은 대개 문학 작품을 읽고 해석하는 식의 공부가 주류였다. 이런 교육을 받은 사람들이 해방 이후에 중고등학교나 대학의 영어 관련 학과에 다수 자리를 잡았고, 자연스럽게 중고등학교와 대학의 영어교육은 번역과 독해 위주로 흘러가게 되었다. 최근에는 이런 경향이 많이 줄어들기는 했지만 경성제국대학이나 일본의 제국대학에서 유학한 교수들이 주로 자리를 잡은 대학과 미국 선교사들이 영향을 끼친 대학의 영어교육 방식도 많이 달랐다.

일본은 서구화 초기부터 독해와 번역을 중심으로 서양의 문물을 도입하려고 했다. 독해와 번역을 중요하게 생각하고, 학생들을 가르칠 때에도 그 부분을 강조했다. 지금도 일본은 다양한 언어의 책을 가급적 빠르게 번역해서 일반 대중에게 보급하는 체계를 갖추고 있다. 이런 환경에서 일본 대학에서 영어를 전공한 사람들은 영어 회화보다 번역 중심의 읽기나 문학 작품을 읽고 분석하는 능력을 기르게 된 것이다. 지금도 일본의 영어교육은 여전히 읽기에 치중하고, 일본의 영어교육 학자들도 읽는 능력에 관한 연구를 많이 진행한다.

우리 학교 영어교육은 1990년대를 지나면서 학생들이 영어를 배워서 스스로 의사를 전달하고 소통할 수 있는 교육으로 가야 한다는 것을 꾸준히 강조해 왔다. 학교 영어교육을 듣기와 말하기 중심으로 변화시키려고 교과서도 바꾸고, 교육과정도 수차례 개정했다. 그러나 이상과 현실의 괴리는 컸다. 아무리 의사소통을 강조해도 문법, 독해, 번역이 주류를 이루는 중등학교 현장의 영어교육은 쉽게 변하지 않았다. 상황이 이러니 초등학교 때 게임이나 노래 또는 듣기와 말하기 중심으로 배웠던 학생들은 중학교에 들어가면서 달라지는 영어교육 방식에 어려움을 겪는다.

한국식 영문법 'K 문법'

요즘 우리는 'K'자를 붙여 한국적인 것을 표현하는 데 익숙하다. 이런 것을 한국에 사는 영어 원어민들도 잘 아는 모양이다. 대학에서 영어를 가르치는 제자에 의하면, 우리나라에 'K 문법'이 있다고 한다. 대학에서 영어를 가르치는 원어민들이 우리나라 학교에서만 통용되는 영어 문법을 'K 문법'으로 표현한다는 것이다. 마치 K 팝, K 드라마, K 푸드, K 게임이 있듯이 말이다. 웃지 못할 현실이다.

영어 문법은 원어민에게 물어보는 것이 가장 확실하겠지만, 가끔 학교 현장에서 원어민들이 제대로 판단을 못하는 경우가 있다. 원어민들은 영어를 직관적으로 이해할 뿐이지, 중등학교 영어 교사들처럼 말로 잘 설명할 수 있는 선언적 지식을 갖고 있지 않다. 그러다 보니 원어민 강사들이 교사들이 제시하는 한국식 영문법에 압도되는 경우가 있다. 원어민 강사들은 자기가 보기에 이상하고 잘 쓰지 않는 표현이 한국 학교 영어에서는 강조되고 통용되는 것을 자주 목격한다. 가끔 시험에서 표현이나 문법과 관련해서 정답 시비가 일면 한국 교사가 주장하는 문법이 맞다고 인정되기도 한다. 원어민 강사들이 '아니, 그럼 내가 쓰는 영어가 틀렸나?' 하는 생각을 하게 될 정도로 우리나라 학교에서만 통용되는 독특한 한국식 영어 문법이 있다. 그들이 말하는 'K 문법'은 중고등학교 영어교육의 한 단면을 적나라하게 보여 주는 표현이다.

중고등학교에서 영어 문법을 강조하는 배경에는 평가의 문제가 자리하고 있다. 학교에서 평가가 강조될수록 객관적 평가를 위해 확실한 정답이 필요하고, 문법은 오답 시비가 있을 때 논란의 소지가 적다고 생각해서 문법을 주로 평가하는 경향이 있다. 하지만 평가에서 문법 문제를 늘릴수록 오히려 논란의 소지가 생길 가능성이 높다. 언어의 문법은 생각만큼 그렇게 명확하게 "이건 틀린 것이고, 이건 맞는 것이다."라고 나뉘지 않기 때문이다. 하지만 많은 영어 교사들은 이런 점을 잘 인식하지 못하고 "내가 설명하고 가르쳐 준 문법이 맞고, 거기서 벗어난 것은 틀린 답이다."라고 K 문법을 강요한다. 잘 드러나지 않지만 학교 영어 시험을 둘러싼 논란도 대개 이런 문법과 관련된 것들이 많다.

　이런 배경 때문에 중학교 단계에서는 영어를 유창하게 잘하는 학생보다 시험에 특화된 학생들이 높은 성적을 받는 경우가 많다. 중학교에 들어가면, 능숙도보다 정확성이 중요한 문법에 적응해야 한다. 심지어 강남의 어느 영어 교사는 "학생들이 워낙 사교육을 많이 받고, 해외 경험도 많고, 영어를 능숙하게 잘하다 보니 이런 학생들을 영어 수업에 길들이는 방법으로 까다로운 영어 문법을 소개하기도 한다."라고 말했다. 서울의 특정 지역이나 학생들의 영어 능력이 우수한 학교일수록 이런 경향이 더 강하게 나타나는 것 같다.

　어느 중학교 영어 교사는 "초등학교에서 아이들이 영어를 흥미 위주로 배웠기 때문에 중학교 단계부터는 정확한 영어를 위해서 영문법 교육이 필요하다."라고 말하기도 한다. 모르겠다. 초등학교에서 학생들이 영어를 얼마나 배웠는지 모르겠지만, 중학교 난세는 아직도 서툴고 모르는 것이 많아서 영어를 더 유창하게 말할 수 있도록 익혀야 하는 시기라고 생각한다. 하지만 그 교사는 정확성을 강조하는 것이 중학교 단계에서 더 강조되어야 할 영어교육의 목표라고 인식하는 것 같았다.

　물론 영어교육의 어느 단계에서 정확성은 필요하다. 그렇다고 해서 반드시 문법 위주의 교육이 필요한 것은 아니다. 불필요한 내용까지 세세하게 문법을 다룰 필요는 없다. 아이들의 영어 표현과 수준을 보고 문법적으로 과도한 오류가 있는 부분만 일부 바로잡아 주면 된다. 앞에서 잠깐 언급했지만, 중학교 단계에서 영어에 있는 다양한 종류의 부가 의문문을 왜 가르쳐야 하는지 궁금하다. 잘 쓰지도 않는데 구태여 그런 것들을 왜 그 단계에서 익혀야 하는지도 의문이다. 설령 배운다고 해도 그렇게 정확하게 사용해야 하는지, 정확성이 이 수준의 학생들에게 그렇게 중요한지 생각해 볼 필요가 있다.

Even if, even though, although

학교에서 가르쳐 주는 영문법이 영어만의 고유한 특성이나 미묘한 의미의 차이를 제대로 알려주는 것도 아니다. 대표적으로 오래전부터 학교에서는 관행처럼 'even if', 'even though', 'although' 세 가지 표현을 가르쳐 왔다. 어느 날 영어 교과서 집필 작업을 하는데, 집필진 가운데 한 원어민이 이런 질문을 했다. "even if와 even though는 서로 뜻이 같지 않은데 왜 같다고 하죠?" 그동안 학교 교육은 세 표현이 같다고 가르쳤는데, 그는 'even though'와 'even if'는 if와 though만큼 차이가 있다고 설명했다.

 'even if'와 'even though'가 어떻게 다른지 보자. "Even if I am the president of the United states"에는 조건의 의미가 있다. 이 문장은 '내가 설령 미국의 대통령이라고 하더라도'의 의미이지만, "Even though I am the president of the United states"는 '내가 비록 미국

의 대통령이지만'의 뜻이다. 앞에 even if가 쓰인 문장이 '내가 현재 미국의 대통령은 아니지만 대통령이라고 가정을 해도'의 뜻이라면, even though가 쓰인 문장은 '내가 현재 미국의 대통령이고 그런 지위에 있지만, 그럼에도 불구하고'의 뜻이다. 나는 지금 서울대학교에 교수로 있으니 "Even though I'm a professor at Seoul National University, my English is not native-like perfect."라고 표현할 수 있지만, "Even if I'm a professor at Seoul National University, I'm still learning English."라고 말하면 전혀 다른 의미가 된다. 'even if'는 사실이 아닌 상황을, 'even though'는 있는 사실을 나타낸다. 하지만 학교 영문법에서는 이런 느낌이나 의미의 차이를 잘 구별하지 않을 뿐만 아니라, 두 표현을 같다고 가르치는 경우도 많다.

문법에 순서가 있다?

중학교 단계에 들어가면 문법이 영어를 가르치는 기준이 되는 경우가 많다. 예전에 『성문 종합영어』를 비롯해 여러 영문법 교재를 보면 1단원 명사부터 시작해서 문법 중심으로 구성되어 있었다. 지금도 그런 관행이 중등학교 영어교육에 뿌리 깊게 자리 잡고 있다. 영문법은 암암리에 교사들이 진도를 나가고 학교 영어교육의 내용을 결정하는 가이드라인으로 작용하기도 한다. 시제를 현재, 과거, 미래, 현재완료, 미래완료 순서로 가르치는 것도 오랜 관행으로, 영어를 가르치는 많은 사람들의 머릿속에 여전히 단단하게 자리잡고 있다.

생각해 보면, 이런 순서는 우리가 영어를 어떻게 배우는지, 어떻게 이해하는지, 어떻게 습득하는지를 기준으로 정해진 것이 아니다. 과거에 문법학자들이 언어의 구조를 설명하면서 구조적으로 단순하거나 직관적으로 쉬우면 배우기 쉬울 것으로 생각해 그런 순서로 소개했던 것이다. 물론 지금은 그런 식으로 언어를 분석하거나 설명하지 않는다. 영어를 가르칠 때의 기준도 어떻게 가르칠 것인가에 초점을 두는 것이 아니라, 학습자들이 어떻게 배우는지에 초점을 둔다. 그런 면에서 영어의 현재 시제를 과거 시제보다 먼저 배우는 것은 적절하지 않은 순서일 수 있다.

예를 들어, "What do you do for living?"이라는 표현은 현재 시제를 사용하고 있다. 하지만 "너 지금 뭐 하고 있니?"라는 뜻이 아니라 "살아가기 위해서 당신이 일상적으로 하는 일이 무엇이죠?"라는 직업을 묻는 표현이다. "Water boils at 100 degrees Celsius."나 "She exercises every morning."도 마찬가지다. 두 문장 모두 현재 시점에서 벌어지는 상황이나 일을 묘사하지 않는다. 영어의 현재 시제는 반복적으로 이루어지는 습관이나 일상적인 것을 표현하기도 하고, 불변의 사실을 표현하기도 한다. 이처럼 영어의 현재 시제를 제대로 이해하고 쓰는 것은 생각보다 복잡하고 어렵다. 학생들이 이해하고 적절하게 사용하기에는 과거 시제가 더 쉬울 수 있다. 과거는 과거에 일어난 일만을 가리키기 때문이다.

　미래 시제도 마찬가지다. 미래 표현으로 'will'과 'be going to'를 배우는데, 둘의 의미는 조금 다르다. 미래를 나타내는 데 현재 시제를 쓰는 경우도 있다. 어떤 조건이 미리 정해져 있거나 일상적으로 반복해서 일어나는 경우라면 현재 시제를 써서 미래 시제를 대신하기도 한다. 가령 "The train leaves at 8 AM tomorrow."라고 하면 그 열차는 내일 오전 8시에 출발한다는 뜻이다. 그 열차 스케줄은 이미 정해져 있는 것이고 매일 그 시간에 출발하는 열차라는 의미에서 현재 시제로 표현한 것이다.

　이제 겨우 영어를 조금 배운 중학생들이 이러한 미세한 의미의 차이를 구별해서 정확하게 쓰기란 쉽지 않다. 제대로 완벽하게 사용하려면 배울 것이 너무 많지만, 중학교 단계에서는 구태여 그런 것을 모두 설명하고 배울 필요가 없다. 현재를 배우고, 과거를 익히고, 미래를 배우는 순서도 매우 자의적이다. 물론 지금 현재 나와 관련한 것들을 표현하려고 하다 보면 현재 시제나 현재의 진행형을 나타내는 표현을 가장 빈번히 사용하게 될 가능성은 있다. 현재의 일상 이야기를 하는 것은 직관적이고 쉬울 수 있다. 하지만 현재 시제를 배웠기 때문에 현재를 말하는 것은 언어를 배우는 바람직한 순서는 아니다.

　가정법이라는 문법도 생각해 보면 왜 그렇게 어렵게 배워야 할까 싶다. 그런 표현을 쓰지 않아도 필요한 상황에서 하고 싶은 말은 충분히 할 수 있다. 가정법 과거나 과거 완료를 써야 하는 상황은 일상생활에서 그렇게 많이 발생하지 않는다. 학술 논문을 쓰거나, 청중들에게 발표할 때 그런 표현을 사용할 기회는 별로 없다. 그런데 학교 영어교육에서는 최고 난도의 문법이라고 하면서 마치 최종 단계에서 반드시 가정법의 여러 복잡한 구문을 배워야 하는 것처럼 많이들 가르친다.

고등학교 시절을 돌이켜보면, 'no sooner than …'이나 'hardly … when' 같은 표현이 시험에 자주 등장했다. "I had hardly started cooking when the guests arrived at the door.", "No sooner had I left the house than it started raining heavily." 등의 문장에 등장하는 표현이다. 이런 표현은 당시 유명 학원 강사들이 강의할 때는 물론이고 학교 시험이나 대학 입학시험에도 자주 등장했다.

오랫동안 유학 생활을 하고 영어교육과와 영문과 교수를 하면서 많은 글을 읽어 보고, 원어민들과 대화를 나누고, 해외 학회에도 참석해 보았지만 이런 표현을 거의 들어 본 적은 없는 것 같다. 단 한 번 예일대학에서 제공하는 온라인 강의 Yale Open Course에서 영국 역사를 강의하는 교수가 강의 중에 이 표현을 사용했던 것이 기억난다. 처음에는 그가 무슨 말을 하는지 알아듣지 못하고 넘겼는데, 나중에 다시 들어 보니 'hardly … when'이었다. 반갑기도 했지만, 수십년 동안 딱 한 번 들어 볼 표현을 학창 시절에 왜 그렇게 열심히 공부했나 하는 생각이 들었다.

어느 중학교의 시험 문제

여기 어느 중학교의 영어 시험 문제가 있다. 어법상 옳지 않은 것을 고르는 문제로, 100점 중에서 이 문항에 배정된 점수 4점이나 된다. 비교적 큰 점수가 배정된 문항이다.

> 23. 어법상 옳지 않은 것은? (4점)
> ① Her ring was stolen last night.
> ② The deer was caught by the man.
> ③ The light bulb was invented by Edison.
> ④ The pyramids were built by Egyptians.
> ⑤ A strange letter was sent me by someone.

이 문제에서 말하는 '어법'은 과연 무엇일까? '문법'이라는 표현도 있는데, '어법'은 무엇을 가리키는 것일까? 사전적 의미를 보면 '어법'은 언어와 관련한 여러 가지 규칙을 포괄해서 지칭한다고 설명한다. 하지만 여기서 어법은 문법과 그다지 다르지 않은 것 같다. 그런데 여기서 말하는 어법의 기준은 미국 영어의 어법일까, 영국 영어의 어법일까, 아니면 다른 나라의 영어 어법일까?

그러면 다음에 제시된 영어는 앞에서 말하는 '어법'에 따르면 틀린 것일까?

> **I ain't never been nowhere.** (I have never been anywhere.)
> **I don't need none of that.** (I don't need any of that.)
> **She don't know nothing about it.** (She doesn't know anything about it.)
> **He ain't got no money.** (He doesn't have any money.)

이런 표현은 미국 흑인 원어민들이 사용하는 영어다. 오바마 전 미국 대통령도 시카고 어느 모퉁이에서 흑인을 만났을 때 친근감을 표시하기 위해서 쓸 법한 표현이다. 하지만 이 표현은 백인들이 사용하는 영어에 맞지 않으니 틀렸다고 말할 수 있을까? 흑인이 주인공으로 등장하는 미국의 유명 소설에도 이런 표현은 많이 나온다. 그러면 그 작품이 틀린 영어를 쓴 것일까? 도대체 학교 영어교육에서 말하는 어법에 맞는 것은 무엇이고, 그 기준은 또 무엇일까?

앞에 제시된 중학교 시험 문제는 영어의 수동태 문장에 대해서 묻고 있는 것으로 보인다. 중학생들에게 영어의 수동태 문장을 가르쳐 주는 것을 반대할 이유는 없다. 영어에서 많이 사용되는 구조이니 알아 두면 도움이 될 것이다. 하지만 왜 구태여 잘 사용하지 않고 헷갈리는 문장 표현을 제시하고, 옳지 않은 것을 고르라고 하는지 궁금하다. 정답은 ⑤번인 것 같은데, 설령 ⑤번처럼 말한다고 해서 큰 문제가 될까? 그런 표현을 쓸 수 있으면, 아무 말도 못하고 주저하는 것보다 백배 천배 낫지 않을까. 이 문장을 들은 어떤 원어민이 "나 이거 무슨 말인지 모르겠는데. 이 말은 틀렸으니까 절대 쓰면 안 돼."라고 말할 리는 없다. 영어교육과정에서 강조하는 의사소통 중심의 영어교육이라면, 이런 말을 할 수 있는 학생에게 오히려 박수를 보내야 할 것이다.

    설령 그런 말을 해야 하는 상황이 있어도, "Someone sent me a strange letter."이라고 말하면 되지, 구태여 ⑤번과 같은 수동태를 쓰진 않을 것이다. 이 문제를 맞힌 학생과 그렇지 않은 학생의 영어 능력에도 큰 차이는 없을 것이다. 이런 종류의 시험 문제를 사전에 대비하기 위해서 해당 중학교 학생들은 유사한 문제를 얼마나 풀어 보고 연습했을까. 그 시간에 차라리 영어책을 한 권 더 읽어 보거나 영어를 들어 봤으면 더 나을 거라고 생각한다.

중학교 영어에 대한 학생들의 반응

중학생을 대상으로 실시한 한 설문조사에 따르면, 영어 문법 때문에 영어가 어렵다고 답한 학생이 전체의 80% 정도나 되었다. 중학생은 아직 영어 초보 단계다. 이제 영어를 좀 더 능숙하게 익혀야 하는 단계이고, 문법적인 정확성보다 유창하게 글을 읽고 자신의 생각을 표현할 수 있는 능력을 길러야 할 단계다. 그런 단계에 복잡하고 어려운 문법으로 아이들을 곤란하게 하는 것은 분명 바람직한 방향이 아니다.

언어에서 문법적으로나 어법적으로 맞고 틀린 것은 수학에서처럼 명확하게 구분 지을 수 없다. 어느 외국인이 "너 진지 먹었니?"라고 말하면, 그 말은 틀린 것일까? 누군가는 적절하지 않다고 말할지 모르지만, 수학 문제처럼 정답이 정해진 것도 아닌데 틀렸다고 말할 수 있을까. 물론 우리말 '너'와 '진지'라는 표현은 서로 적절하게 조합이 된 것이 아니니 그렇게 사용하지 않는 것이 바람직하다. 그렇다고 해서 그렇게 말한 것을 틀렸다고는 할 수 없다. 틀렸다고 했을 때 그 기준이 수학처럼 엄격하고 논란의 여지가 없다고도 할 수 없다.

한국어를 좀 배운 외국인이 나이가 어린 사람에게 "너 진지 먹었니?"라고 하면 '허허허' 하고 웃을 가능성이 높다. "한국어를 이제 좀 할 줄 아니, 그런 실수를 할 수 있지. 그럴 때는 '진지'보다 '너 밥 먹었어?'라고 말하는 거야."라고 말해 줄 수도 있겠다. 그러나 학교라는 공간에서는 여러 다양한 표현 중에서 한 가지만 맞으니 그것만 써야 한다고 가르친다. 그러나 말이라는 것이 정말 그런 것인가?

어느 날 한 한국어 교재를 보니 첫 단원에 '물 주세요'라는 표현을 소개하고 있었다. 그런데 식당에 가서 우리가 물을 달라고 말하는 장면을 상상해 보자. "물 주세요." 우리는 이런 표현을 자주 쓸까. 적어도 난 그렇게 말하지 않을 것 같다. 대개 "여기요, 물 좀 주시겠어요?"라고 표현하지, "물 주세요." 이렇게는 잘 쓰지 않는다. 그렇게 단도직입적으로 말하면 상대방이 약간 기분 나쁘게 생각할 것 같다. 하지만 한국어 교재는 외국인들에게 "물 주세요."로 소개하고 있었다. 그럼 이 표현은 맞는 표현일까 틀린 표현일까?

정리해 보면 중고등학교 단계에서 문법을 과도하게 강조하고, 문법이 영어교육에서 필요 이상의 자리를 차지하는 것은 바람직하지 않다. 하지만 그것이 현실이다. 언어의 규칙을 설명하는 문법은 수학이나 과학의 원리처럼 분명하지 않다. 그러나 정답과 오답이 있는 이분법적으로 생각하는 경향이 강하다. 그나마 전국의 학생들이 보는 수능에서는 명시적으로 문법을 묻지 않는다. 잘못 출제하면 문제가 될 소지가 많다는 것을 잘 알고 있기 때문이다.

영어를 배우는 데 문법은 필요하다. 문법을 아는 것은 모르는 것보다 낫다. 하지만 문법은 영어를 잘하기 위해서 필요한 것이지, 문법이 영어를 배우고 익히는 데 장애가 되어서는 안 된다. 문법에 집착하는 영어교육을 지양할 필요가 있다. 하지만 중학교에 올라가는 순간 영어 문법은 아이들이 부딪히게 되는 현실인 것은 분명하니 그런 현실에 적절히 대응하는 수밖에는 없다.

중고등학교에서 영어를 잘한다는 건 무슨 의미일까?

15장

중고등학교에서 '영어를 잘한다'는 말은 실생활에서 영어를 능숙하게 활용한다는 의미로 이해할 수 있을까? 15장에서는 중고등학교에서 영어를 잘한다는 의미가 무엇인지, 또한 중고등학생 자녀들이 영어를 잘하기 위해서는 어떻게 해야 하는지 이야기하려 한다.

중고등학생이 영어를 잘한다는 것

중고등학교에서 영어를 잘하는 학생은 어떤 특성을 갖고 있을까? 일단 영어 단어를 많이 알 것이다. 문장을 비교적 잘 이해하고, 어려운 문장 구조도 열심히 공부해서 익히는 학생일 것이다. 내신 시험에 대비해서 학교 수업도 열심히 준비하는 학생일 것이다. 수업 시간에 나오는 내용을 하나도 빠지지 않고 외우고 익히려는 학생도 영어를 정말 잘할지는 모르겠지만 시험은 잘 볼 것 같다. 글을 잘 읽는 학생이나, 영어에 관심이 많은 학생이 영어를 잘하는 학생일 수도 있다. 영어권 해외 경험이 많은 학생일 수도 있고, 사교육이나 다른 경로를 통해서 다양한 영어를 공부한 학생일 수도 있다.

이처럼 중고등학교 교실에는 다양한 배경을 가진 학생들이 있다. 나는 가끔 이런 비유를 든다. 학교에서 운전을 배우는 상황을 상상해 보자. 학교에서 영어를 주요 교과목으로 생각하듯이, 운전이 학교에서 매우 중요한 교과목이라고 상상해 보는 것이다. 그 학교는 한 학년에 약 200명 정도의 학생이 있고 전교생은 600명 정도가 된다. 학교에 소박하게 운전을 배울 수 있는 공간이 마련되어 있지만, 연습용 승용차는 두서너 대밖에 없다. 이런 조건에서 학교에서 진행하는 운전 교육은 이론 위주의 수업이 대부분이고, 1년에 20분씩 두 번 정도 차를 직접 운전해 볼 기회가 있다. 그것도 실제 도로가 아닌 인위적으로 만든 공간에서만 운전 실습을 할 수 있다.

그런데 A학생은 집에 차가 있어서 매일 운전을 해볼 수 있다. B학생은 집에 차가 있지만, 운전하는 데 별로 관심이 없어서 운전을 거의 하지 않는다. 컴퓨터 게임을 좋아해서 집에 오면 컴퓨터 앞에서 게임만 한다. C는 집에 차가 없지만 운전에 관심이 많다. 그는 집에 나무로 운전대를 만들어 놓고 기회가 있으면 앉아서 기어도 꺾어 보고 이런저런 운전 연습을 한다. 물론 나무로 만든 운전대는 핸들만 있지, 브레이크도 가속 페달도 없다. 매일 집에 오면 운전대에 앉아서 운전하는 시늉만 해본다. D는 집에 차가 없고 운전에 관심도 없다. D는 학교에서 배운 몇 시간으로 그만이다. 한 교실에 이 네 명의 학생이 있다면 과연 누가 운전을 가장 잘할까?

학교에서는 언제나 평가를 한다. 학교에서 운전을 가르쳤으니 어떻게 평가를 할까? 운전이 중요한 교과목이라면 학생이나 학부모는 평가 기준에 민감하고 까다로울 것이다. 무슨 내용을 어떻게 평가할 것인지가 관건인데, 일단 평가 기준은 '누가 운전을 제일 잘 하는가'로 정했다고 하자. 그 기준은 무척 공정하고 타당해 보인다.

물론 학교에서는 이론 중심으로 운전 교육을 했으니 실제 운전을 얼마나 잘하는지보다 교사가 가르쳐 준 내용을 누가 잘 암기하고 잘 이해하고 있는지 필기 시험을 위주로 평가할 수도 있다. 이런 상황이라면 실제로 운전을 잘하는 학생이 좋은 평가를 받지 못할 수도 있다.

중고등학교에서 이뤄지는 영어 평가도 앞에서 설명한 상황과 유사한 점이 많다. 이렇게 보면 학교 영어교육과 밖에서 이뤄지는 영어교육 그리고 학교에서 시행하는 평가는 복잡하게 얽혀 있다. 학교에서 좋은 영어 성적을 받는 학생이 정말 영어를 잘하는 것인지, 학교 영어교육만 충실하게 따라가면 진정 영어를 잘하고 평가에서도 좋은 결과를 얻을 수 있는 것인지, 학교 영어 시험에서는 영어 능력을 어떻게 평가해야 하는지, 배운 내용으로 평가해야 하는지, 과연 그런 평가 결과는 무엇을 의미하는 것인지 모두 문제가 된다.

영어를 배우는 데 무엇이 결정적일까?

영어를 배우는 데 특별한 재능이나 머리가 필요할까? 학창시절에는 그렇게 생각했지만 지금은 그런 생각에 그다지 동의하지 않는다. 중요한 것은 영어와 얼마나 많은 시간을 보냈느냐 하는 것이다. 영어 능력은 그것으로 판가름이 난다. 영어를 하루에 1-2시간 하는 학생과 하루에 5-6시간 하는 학생이 같을 수 없다. 운전의 사례에서도 보았듯이 나무 운전대에 앉아서 연습하는 학생과 집에 있는 차로 매일 운전 연습을 하는 학생의 운전 실력은 둘 다 운전에 매우 관심이 있더라도 같을 수 없다. 영어 능력도 마찬가지다.

서울시 구청별로 학생들의 수능 영어 1등급 비율을 조사해 보면 1등급 비율이 가장 높은 지역과 가장 낮은 지역 사이에는 약 20배 정도의 차이가 난다. 수학이나 국어에서는 그 정도 차이가 나지 않는다. 수학이나 국어에 비해 영어에서 상대적으로 격차가 크게 벌어지는 이유는 무엇일까.

영어 1등급 비율이 높은 지역에 사는 학생들이라고 영어만 사교육을 집중적으로 받았을 리 없을 텐데, 왜 영어에서만 그런 차이가 나타났을까? 여러 가지로 설명할 수 있겠지만, 수학과 달리 영어는 많이 노출되고, 활용해 보고, 오래 배우면 누구나 잘할 수 있는 과목이기 때문이다. 이런 점에서 수학과 국어에 비해서 영어가 학교 밖에서 추가적으로 이루어지는 사교육 형태에 많은 영향을 받는다.

교육학자들은 사교육을 '그림자 교육shadow education'이라고 표현한다. 공교육이라는 본류의 교육이 있고, 사교육은 대개 공교육의 그림자라는 것이다. 다른 교과목의 사교육은 비교적 이런 성격이 강하지만, 영어의 경우에는 사교육이 학교 영어교육의 그림자인지 아니면 학교 영어교육이 그림자이고 사교육이 본체인지 애매할 때가 많다. 초등학교 때는 여름방학에 학원에서 집중적으로 영어교육을 받는 아이들이 많다. 이런 곳에서 진행되는 영어교육은 학교 영어교육의 수준을 훨씬 뛰어넘을 뿐만 아니라 학교 영어교육을 염두에 둔 교육도 아니다. 그러니 뭐가 그림자이고 뭐가 본래 몸체인지 알 수 없다.

이처럼 학교 영어 교실은 다양한 형태의 사교육을 받은 학생들이 모이는 공간이다. 이 공간에서의 평가는 어떤 기준으로 이루어져야 할까? 영어의 경우 국가의 공교육 시스템이 제대로 작동하지 않을 뿐만 아니라, 공교육 시스템 밖에서 작동하는 또 다른 시스템이 있는 현실이다. 이런 환경에서 학생과 학부모는 무엇을 믿고 따라가야 하는지 난감하다. 다양한 배경을 가진 학생들을 일률적으로 평가해야 하는 교사도 당황스럽기는 마찬가지다.

학교 영어교육의 특징

중고등학교의 영어교육은 이런 특징도 있다. 새로운 어휘가 단원마다 10-20개 정도 나온다. 한 단원에서 소개되는 어휘의 수는 초등학교에서 중학교로 그리고 고등학교로 갈수록 점점 늘어난다. 초등학교에서 한 단원에 10개 정도의 새로운 단어가 소개된다면, 고등학교에서는 단원마다 25-30개 정도의 새로운 단어를 배우게 된다. 단어를 그때그때 익히고 배우지 않으면 학습 결손이 생겨서 해가 지나고 학년이 올라갈수록 차곡차곡 쌓이게 된다.

하지만 학교 교과서에 영어 단어나 표현이 소개된다고 해서 학생들이 다 배우고 익히는 것은 아니다. 학교 영어교육에서 가르치는 것teaching과 배우는 것learning을 같게 생각하는 경향이 있지만, 가르쳤다고 모두 배우지는 않는다. 그 둘이 같나고 보는 것이 오히려 문제다. 웬만한 영어 문장 형태를 교과서에서 익히지만, 학생의 입장에서 보면 배웠다고 아는 것도 아니고, 교과서에서 한두 번 봤다고 자신의 것이 되는 것도 아니다.

2000년대 초반 자유 여행으로 프랑스 파리에 처음 갔을 때 지하철을 주로 이용했다. 파리를 일주일 정도 여행했을 뿐인데, 지금도 출구를 가리키는 프랑스어 속띠sortir는 기억에 남아 있다. 파리 같은 도시에서는 지하철 입구를 찾는 것보다 지하철 내부에서 출구를 찾아 밖으로 나오는 것이 훨씬 중요하다. 그래서 5일 정도 파리에 머물면서 가장 많이 노출되고 의식적으로 열심히 찾았던 표현이 sortir였다. 20년이 지나도 여전히 이 단어만큼은 기억에 생생하다.

1999년에는 일본에서 학회가 열려서 처음 도쿄에 갔다. 도쿄의 이케부쿠로역池袋駅 근처에 숙소를 정했다. 이케부쿠로역에서 학회가 열리는 와세다대학 캠퍼스가 멀지 않았기 때문이다. 도쿄 시내에 갈 때도 대부분 지하철로 이동했는데, 어디를 가든 숙소로 돌아올 때는 이케부쿠로역에서 내려야 했다. 지하철 안내 방송에서 '이케부쿠로'라는 소리가 흘러나오면 귀를 쫑긋하고 들었던 기억이 난다. 하루는 도쿄대학에서 유학하고 있던 후배가 "형, 일본어 '이케부쿠로' 발음이 너무 좋은데. 일본에 3-4년 산 사람보다 발음이 좋아."라고 했다. 미국에서 유학한 경험 덕분에 다른 나라에서도 비교적 적응을 잘 하는 이유도 있겠지만, 도쿄에 일주일 머무는 동안 이케부쿠로라는 말을 얼마나 들었으며 또 얼마나 그 역에서 타고 내렸을까를 생각해 보면, 그 역 이름을 잊어버리거나 정확한 발음을 익히지 못하는 것이 오히려 이상하다는 생각이 든다.

물론 이런 경험들은 모두 현지에서 직접 부딪히면서 표현을 배운 경우다. 그런 상황이 외국어를 배우는 데 가장 적절한 환경일 수도 있다. 구체적이고 유의미한 상황에서 반복적으로 노출되고 집중적으로 사용하니 자연스럽게 머릿속에 남게 된 것이다. 한번 생각해 보자. 한 단원에 15-20개 정도의 새로운 단어가 나오면, 그 단어를 몇 번이나 듣거나 읽게 될까? 새로운 단어가 등장하는 상황이 그다지 구체적이지 않고 실생활에서 그런 단어를 써야 할 상황도 별로 없다면, 그런 단어를 한두 번 보거나 들어서 기억할 수 있을까?

한 단원에서 새롭게 등장하는 단어가 사용되는 빈도수를 보면 대개 한두 번 소개되는 것이 전부다. 그러나 이 정도만으로 새로운 단어가 학생들의 머릿속에 쉽게 들어가지는 않는다. 한 단어를 제대로 기억하고 싶으면, 적어도 6-7번 이상 글에서 우연히 부딪히고 그 의미를 생각해 보는 경험이 필요하다. 프랑스 파리에서 계속 'sortir'를 찾으려고 했던 것처럼 구체적이고 의미 있는 맥락에서 단어의 뜻을 생각하고 사용해야 한다. 그런 반복적인 과정을 통해서 단어를 기억하게 되는 것이다.

중고등학교에서 영어를 잘한다는 건 영어를 좋아하고, 관심이 많고, 자기 관리를 착실하게 잘한다는 것을 의미하기도 한다. 중고등학교에서 영어를 잘하려면 영어 소설을 읽고 단어도 의식적으로 외우고 또 외워야 한다. 망각 곡선에 따라 적절한 시기에 기억을 되살리는 활동도 필요하다. 의식적으로 반복 연습을 해줘야 한다. 책을 찾아 읽으면서 알고 있는 문장 구조나 어휘를 자주 접해야 한다. 기억한 단어나 표현을 반복적으로 자주 끄집어내야 내 것이 된다. 그런 것들이 종합적으로 쌓여서 영어 능력이 향상되므로 그런 학생은 당연히 영어를 잘할 것이다.

좁혀 읽기

학교에서 영어를 잘하기 위한 가장 효과적인 방법 중 하나는 흥미 있어 하는 책을 읽는 것이다. 필요하면 책 이외에 영어로 된 신문을 읽을 수도 있다. 요즘에는 인터넷에서 다양한 신문을 찾아 읽을 수 있다. 신문을 읽는 것은 나름 도움이 된다. 특히 한 주제에 대한 여러 신문의 기사를 찾아 읽는 것도 좋은 방법이다. 이렇게 비슷한 주제의 글을 읽는 활동을 '좁혀 읽기narrow reading'라고 부르기도 한다.

예를 들면 이런 식이다. 인터넷에서 세계적으로 뜨는 뉴스는 전 세계 거의 모든 인터넷 언론이 다룰 것이다. 하지만 다른 언론사의 기사를 그대로 도용해서 사용하지 않는 한, 똑같은 문장이나 똑같은 단어를 사용해서 작성하는 기사는 거의 없다. 같은 내용을 전달하는 기사라고 해도 어휘나 표현이 조금씩 다르다. 그러니 한 기사를 읽고 나면 그 내용을 기반으로 비슷한 주제의 기사를 열 편 또는 스무 편 더 읽어 볼 수 있다. 내용은 비슷하기 때문에 어떤 내용인지 어느 정도 알고 있고, 그 내용을 A 신문사는 어떻게 표현했고 B 신문사는 어떻게 표현했는지 비교하면서 읽을 수 있다. 이런 좁혀 읽기는 새로운 주제, 새로운 내용의 글을 읽어야 하는 부담을 줄이면서도 표현과 어휘를 확장할 수 있는 효과가 있다.

좁혀 읽기는 신문 기사가 아닌 책을 읽을 때도 활용할 수 있다. 한 작가의 글을 집중적으로 찾아 읽는 것도 일종의 '좁혀 읽기'라고 할 수 있다. 작가는 글을 쓸 때 자기만의 스타일이 있다. 작품이 다루는 내용도 그렇지만, 작가가 사용하는 문장이나 어휘도 반복해서 사용하는 경우가 많기 때문이다. 그러니 매번 다른 작가의 작품을 읽게 되면 새로운 어휘와 문장, 새로운 주제나 스타일에 적응해야 하므로 부담스러울 수가 있다. 하지만 한 작가의 작품을 집중적으로 읽게 되면 상대적으로 이런 어려움이 덜하다. 읽으면 읽을수록 더 익숙해지고 쉬워지니 읽는 즐거움을 더 많이 느낄 수 있다.

물론 영어를 책으로만 익히는 것은 아니다. 관심이 있다면 영어를 배울 수 있는 다양한 콘텐츠는 비교적 쉽게 구할 수 있다. 그동안 대학에서 가르친 학생들 중에서 학부생 시절 깊은 인상을 남긴 한 졸업생이 있다. 그 학생은 영어 발음도 좋았고 영어도 꽤 잘했다. 히루는 그 학생에게 어떻게 영어를 배웠는지 물어봤다. 학생은 중학교 시절 '미드(미국 드라마)'를 보면 영어에 도움이 된다는 원어민 강사의 한마디에 미드를 보게 되었고, 그렇게 영어의 세계에 빠지게 되었다고 했다. 중학교 1학년부터 고등학교를 졸업할 때까지 정말 수많은 미드를 봤다고 했다. 그렇게 영어를 익혔고 미국에 유학을 가서 학위를 마치고 지금은 그곳에 정착해서 살고 있다.

학교 영어를 잘하는 학생

학교에서 영어를 잘하는 학생은 일단 학교 영어 시험을 잘 보는 학생이다. 학교에서 보는 시험은 교사와 학생이 서로 숨바꼭질을 하는 것이나 비슷하다. 학교 내신 시험은 학생들의 진정한 영어 능력을 평가하기보다 학생들의 등급을 나누고 변별을 하기 위한 것이기 때문이다. 교사는 시험 문제로 공격을 하고, 학생은 시험 문제를 풀어서 방어를 해야 한다. 학교 시험을 대비하는 과정에는 어떻게 효과적으로 공격을 막아낼 것인지 전략적인 사고가 필요하다. 충분한 높이로 성곽을 쌓고, 빈틈없이 이곳저곳 대비를 해야 한다. 그래야 좋은 결과를 얻을 수 있다.

학교에서는 학생들이 함정에 빠지도록 의도적으로 출제하기도 한다. 그런 함정에 빠지지 않는 전략도 필요하고, 교사가 어떤 내용을 강조했는지, 왜 그런 내용이 중요한지 파악하는 것도 필요하다. 가르친 교사의 마음을 읽을 수 있으면 그렇지 못한 학생보다 훨씬 효과적으로 시험에 대비할 수 있다.

이런 전략과 전술을 적극적으로 생각하고 이리저리 방법을 강구하는 학생들이 있는 반면, 무감각한 학생도 있다. 생각만 하고 아무것도 행동으로 옮기지 않는 학생도 있다. 관리하고, 계획하고, 준비하고, 생각하고, 실천하는 학생도 있다. 눈에 보이지 않는 이런 하나하나의 생각과 노력들이 차이를 만든다.

이처럼 학교에서 영어를 잘하는 데 기여하는 요인은 한두 가지가 아니다. 맹목적으로 공부하고 시간만 들이는 것은 별로 효과적이지 않다. 의식적인 연습과 훈련이 되어야 한다. 공부를 잘하는 학생들은 대개 자신의 능력에 대한 평가가 상당히 보수적일 뿐만 아니라 객관적이고 엄격하다. 이 학생들은 시험에서 한두 문제를 틀린 것에 대해 "난 잘 봤어."라고 말하기보다 "난 별로 못 봤어."라고 말한다. 잘 봤다고 평가하면 더 할 필요가 없는 것이고, 틀린 것에 주목하게 되면 개선할 수 있는 방향을 찾게 되기 때문이다.

영어뿐만 아니라 학교에서 성공하는 학생들은 인지 능력이 우수할 뿐만 아니라 메타 인지metacognition도 뛰어나다. 인지 능력이 수학 문제를 풀고, 영어 단어를 외우고, 내용을 이해하고, 영어로 된 글을 읽는 능력이라면, 메타 인지는 이런 다양한 인지 활동을 감시하고 감독하는 능력이다. 읽는 글을 잘 이해했는지, 푼 문제가 맞았는지 틀렸는지, 틀렸으면 왜 틀렸는지, 다시 틀리지 않는 방법은 무엇인지 고민하고 생각하고 평가하는 능력이다. 이처럼 '내가 뭔가 잘못 하고 있네', '이 부분은 내가 잘하고 있네' 판단하고 모니터링하고 평가하는 능력을 메타 인지 능력이라고 한다. 메타 인지 능력을 활성화해서 자신의 학습 활동을 모니터링하고 평가하고 기록하며 '아, 이것은 잘 되고 있네', '이것은 뭔가 문제가 있네', '이 부분은 더 해야겠네'라는 생각을 하는 학생과 그렇지 않은 학생은 같은 시간 책상에 앉아 공부를 한다고 해도 서로 다른 평가 결과를 얻는다.

군대에서 사용하는 용어 같지만, 이런 '전략'적인 생각과 행위는 중고등학교 단계에서 더욱 의미를 갖는다. 이미 교육학 분야에서는 이런 전략적인 사고에 대해 많은 연구를 진행했다. 전략적인 사고는 대개 눈에 보이지 않는다. 그래서 '쟤는 학교에 와서 매일 놀고 공부도 안 하는 것 같은데 시험은 잘 봐. 머리가 좋은가 봐' 하는 생각은 잘못됐다고 본다. 그 학생이 무슨 생각을 하고 어떤 전략적인 사고를 하는지는 알 수 없다. 교사에게 설명을 들을 때 무슨 생각을 하는지, 혼자 집에 갈 때는 무슨 생각을 하는지, 집에 가서는 무슨 생각을 하고 무슨 행동을 하는지, 어떤 방식으로 자기의 행동을 조절하고 어떻게 행동으로 옮기는지, 그 학생의 머릿속에 들어가 본 적이 없기 때문에 모르고 하는 말이다.

공부를 잘하는 학생들은 머리가 복잡할 수 있다. 이런저런 질문도 하고 답도 생각해 볼 것이기 때문이다. '이 두 개의 관계는 대체 뭐지?', '내가 알 수 있는 결론은 뭐지?' 브레인스토밍을 해서 배운 내용을 마인드맵으로 그려 보기도 하고, 글로 써 보기도 하고, 생각을 정리하는 노트를 작성하기도 한다. 시간이 지나서 자기가 작성한 노트를 의식적으로 다시 들여다보기도 하고, 적절한 휴식을 갖기도 하고, 무엇을 어떻게 알게 되었는지, 어떻게 문제를 틀렸고, 어떻게 문제를 맞추게 되었는지, 어떻게 해서 좋은 결과가 나왔는지 이런저런 생각을 하고 정리한다.

중고등학교에서 영어를 잘한다는 의미는 진짜 영어 능력이 뛰어나다는 뜻도 있겠지만, 시험이나 평가에서 좋은 결과를 얻기 위해 다양한 전략적인 생각, 의사 결정, 방법을 찾아 마치 '공격과 방어를 하듯이' 준비하고 습관을 들인다는 의미다. 어쩌면 그것이 우리나라 중고등학교 환경에서 살아남을 수 있는 길이고, "저 학생 영어 잘하네." 하는 소리를 들을 가능성이 높은 방법이다.

16장 내신과 수능은 같은 영어 능력을 평가할까?

학교에서 보는 영어 시험과 전국적으로 보는 수능 시험은 같은 영어 능력을 평가하는 것일까? 결론부터 말하면, 내신과 수능은 서로 다른 능력을 평가하는 시험이다. 16장에서는 두 시험이 어떻게 다르고, 어떻게 준비해야 하는지 알아보려 한다.

내신과 수능

내신 시험과 수능 시험은 어떤 차이가 있을까? 내신 시험은 범위가 정해져 있다. 학교 수업을 통해서 진도를 나가면 그 진도에 따라서 평가하는 구조다. 따라서 학생들 입장에서는 진도에 민감해질 수밖에 없다. 평가 내용이 진도에 따라 결정되기 때문이다. 반면 수능은 내신만큼 범위가 분명하지 않다. 고등학교 3년 과정이 평가 내용일 수도 있고, 아니면 전체 12년의 교육 내용이 평가에 반영될 수도 있다.

내신 시험은 배운 내용 중에서 출제되기 때문에 문제 유형이나 내용을 어느 정도 예상할 수 있다. 최근에는 내신이 입시의 중요한 기준이 되어서 학원들이 내신을 대비하기 위해 출제 경향을 집중적으로 연구해서 제공하는 경우도 많다. 이처럼 내신 시험은 제한된 범위에서 평가하는 것이기 때문에 시험 문제를 출제하는 교사와 학생 및 학원이 치열한 공방전을 벌이는 양상이다. 물론 수능도 EBS 수능 교재 연계를 통해서 어느 정도 범위를 제한하려고 했지만, 여전히 내신 시험과는 성격이 많이 다르다.

또한 수능은 약 40-50만 명에 달하는 전국의 수험생을 대상으로 한다면 내신 시험은 특정 학교의 몇백 명만을 대상으로 한다. 같은 교과서와 같은 내용으로 수업한 학생들을 대상으로 하는 내신 시험과 약간씩 서로 다른 내용을 공부한 학생들을 대상으로 한 수능은 다를 수밖에 없다.

수능은 원어민을 포함한 전국에서 차출된 20여 명의 전문가들이 한 달 이상 합숙을 하면서 출제하는 시험이고, 내신 시험은 각 학교에서 몇 명의 교사들이 출제하는 시험이다. 수능은 전 국민이 매와 같은 눈으로 지켜보고 있기 때문에 정답 시비에 매우 민감하고 그 파장도 크다. 한 번 출제를 잘못하면 뉴스에 도배가 되기도 하고, 교육부나 교육과정평가원장이 책임을 지고 물러나기도 한다. 하지만 내신 시험은 출제 오류나 정답 시비가 찻잔 속의 파동으로 끝나는 경우가 많다. 고작 몇백 명을 대상으로 하는 시험이고, 특정 학교 안에서 이루어지는 시험이기 때문에 일반 대중의 주목을 끌지도 못한다. 문제를 미리 빼돌리거나 상식을 넘은 부정 행위가 일어나서 사회 문제가 되지 않는 이상, 어느 학교에서 어떤 문제가 출제되고 어떤 영어 능력을 평가하는지, 정답 시비가 있는지 등의 이슈는 학교 구성원을 제외하면 거의 주목을 받지 못한다.

수능과 내신 시험의 난이도 차이는 생각보다 크다. 내신 시험은 교과서나 다른 내용이 포함될 수는 있지만 수업에서 다뤄진 내용을 기본으로 하여 평가한다. 수업에서 착실히 공부한 학생이라면 적어도 내신 시험에 등장하는 지문은 한 번쯤 본 글일 가능성이 높다. 단어는 물론 표현이나 글도 이미 배운 내용이다. 그러니 어떤 글을 보면 이 글이 어떤 내용인지 대충 알 수 있다. 그런 면에서 내신 시험에 등장하는 글을 읽을 때와 수능에 나오는 글을 읽을 때 양상이 완전히 다르다.

내신 시험에 나오는 글은 몇 문장만 읽어 보면 내용이 익숙하고, 세세하게 읽어 보지 않아도 무슨 내용의 글인지, 언제 어떤 수업 시간에 다뤄진 내용인지 알 수 있다. 상황이 이러하다 보니 일반적인 내용을 물어보면 학생들이 정답을 맞힐 가능성이 높고, 학생들 실력을 변별해야 하는 교사들 입장에서는 다른 방안을 강구할 수밖에 없다. 일부 또는 대다수의 학생들이 틀릴 만한 문제를 출제해야 하는 것이다. 좁은 시험 범위에서, 그것도 수업 시간에 다룬 내용이고, 학원에서 철저하게 내신 시험 대비까지 해주는 상황에서 변별을 해야 하기 때문에 교사는 평범한 수준의 문항을 출제하면 안 된다. 비록 그것이 학생들의 진정한 영어 능력을 평가하지 않는다고 해도 학생들을 변별하는 것이 더 중요하다. 상황이 이러하니, 학생들 사이에 경쟁이 치열한 학교일수록 더 극단적이고 지엽적인 문제가 출제될 가능성이 높다. 예전에 어느 중학교의 내신 시험 문제를 보니, 문장을 주고 여기에 들어갈 적절한 기호가 ';(세미콜론)'인지 ':(콜론)'인지 묻는 문제도 있었다.

원어민도 이해하기 힘든 영어 내신 시험

적절하지 않은 내용을 묻는 문항이 출제되는 경우도 있다. 강남의 한 중학교 내신 시험에 이런 문제가 출제됐다.

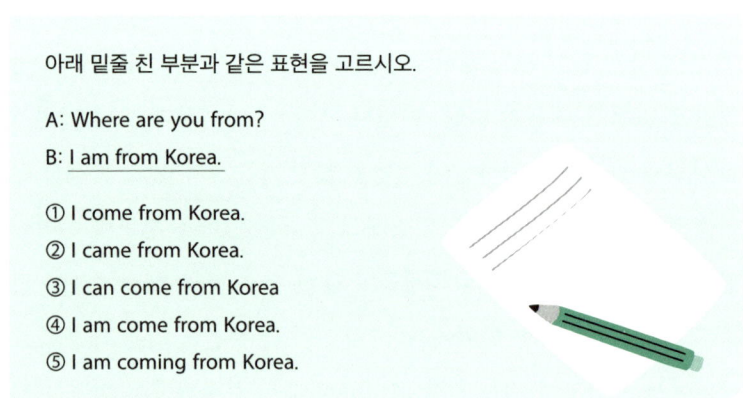

아래 밑줄 친 부분과 같은 표현을 고르시오.

A: Where are you from?
B: I am from Korea.

① I come from Korea.
② I came from Korea.
③ I can come from Korea
④ I am come from Korea.
⑤ I am coming from Korea.

답은 ①번이었던 것 같은데, 따지고 들면 논란의 소지가 많은 문항이다. 한 원어민은 "Where do you come from?"이라고 물어야 "I come from Korea."라고 답할 텐데 왜 "Where are you from?"에 "I come from Korea."로 응답해야 하는지 반문했다. 문제에서 물은 것은 '비슷한' 표현이긴 했지만 말이다.

하루는 해외 뉴스에서 이런 기사가 나왔다. 호주 시드니의 어느 술집에서 백인이 아시아계로 보이는 옆 사람에게 인종 차별적인 말을 했다는 내용이었다. 발단은 그 백인이 "Where do you come from?"이라고 물은 것이었다. 이처럼 다른 맥락에서 이 표현은 '당신 도대체 어디서 왔어?'와 같은 뉘앙스로 들릴 수 있다. 출신이 어디인지, 어느 나라에서 왔는지 물어볼 때는 "Where are you from?"을 사용하고 "I am from ＿＿＿＿＿"으로 답하는 것이 안전하다.

앞선 문항의 경우, 어느 나라 출신인지 자신의 배경을 말할 때 "I come from Korea."는 맞고, "I came from Korea."는 안 될까? 현재로 물었으니 현재로 답하는 것이 일반적일 수 있지만, "I came from Korea."라고 답한다고 해서 서로 소통이 안 되지는 않을 것이다. 둘 중의 어느 것이나 결국은 내가 한국에서 왔다는 의미를 전달하고 있기 때문이다. 어떤 맥락인지에 따라 의미의 차이가 발생할 수 있는 것이 언어의 속성인데, 중학교 1학년 학생들에게 전달된 메시지는 현재이니 현재로 답하는 것이 맞다는 것뿐이다.

모 대학에 있을 때 겪은 일이다. 점심을 먹기 위해서 교수식당에 갔다. 식당에 들어서는데 교양 영어를 가르치는 원어민 강사를 만났다. 마침 그는 식사를 마치고 식판을 들고 나오는 길이었다. 마주칠 때마다 인사말로 "Hi, How are you?"만 물어보는 것이 식상해서 그날은 웃으면서 "Hi, Oh. You have three dishes."라고 말했다. 그의 식판에 접시가 몇 개 포개져 있는 걸 보고 그렇게 인사를 한 것이었다. '점심을 맛있게 잘 먹었군요'라는 뉘앙스로 한 말이었다.

식사를 마치고 다시 연구실로 돌아왔는데, 조금 지나서 그 원어민 강사가 내 연구실에 찾아왔다. 그는 문을 들어서면서 '내가 세 접시를 먹든, 네 접시를 먹든 무슨 상관이냐'는 투로 따져 물었다. 몹시 기분이 상한 표정이었다. 그냥 인사로 '당신 점심으로 세 접시나 먹었네. 점심 잘 먹었어?' 그런 뉘앙스로 한 말이었는데, 그는 마치 '돼지처럼 그렇게 밥을 많이 먹었어?'라는 뜻으로 오해한 것 같았다. 미안하다고 사과하고 오해는 풀었지만, 두고두고 기억에 남았다. 이런 것이 언어다. 하지만 학교 내신 시험에서 묻는 내용은 상황이나 맥락을 고려하지 않는 경우가 많다. 주로 수업 시간에 배운 것만을 범위로 매우 지엽적인 내용을 다루며, 원어민들이 보기에 오해의 소지가 있는 표현들도 종종 등장한다.

수능의 특징

다시 돌아와서, 수능은 이런 점에서 내신 시험과 많이 다르다. 수능은 약 50만 명의 수험생을 변별한다. 정답 시비가 일어나지 않아야 하고, 그동안 관행처럼 전해 내려온 문제 유형에 따라서 출제해야 한다. 듣기와 읽기의 문항 수가 정해져 있고 문제 유형도 대략 정해져 있다. 특히, 킬러 문항이라는 빈칸 채우기 문항은 예전에는 일곱 문항이었다가, 몇 년 전부터 네 문항으로 고정되었다. 여전히 수험생을 변별하는 기능으로서 빈칸 채우기 문항은 가장 중요한 역할을 한다.

한국교육과정평가원은 교과서를 기반으로 교육과정에 맞춰 수능 문제를 출제한다고 하지만, 특정 교과서로 범위를 한정할 수 없다. 모든 교과서가 출제 대상이 된다. EBS 수능 교재도 출제 대상이다. 이전에는 직접 연계라고 해서 EBS 수능 교재에서 직접 지문을 가져오는 경우도 있었지만, 요즘에는 간접 연계이므로 같은 글을 그대로 사용하지는 않는다. 그러니 내신 시험과 가장 차별화되는 상황은 수험생들이 그 글을 이전에 본 적이 없다는 점이다. 따라서 글을 온전히 읽고 내용을 파악해야 한다. 한 번 읽어 본 글이나 접해 본 글을 읽는 내신 시험과 전혀 본 적이 없는 새로운 글을 읽고 문제를 풀어야 하는 수능은 차원이 다르다.

수능에서는 사전을 사용할 수도 없고, 누구의 도움을 받을 수도 없다. 온전히 스스로의 능력으로 읽고 문제를 풀어야 한다. 본 적이 없는 새로운 글을 읽고 뜻을 파악해야 하니, 그런 수준의 글을 읽을 수 있는 능력을 갖고 있어야 한다. 따라서 수능을 대비하기 위해서는 어떤 영어 글이든 혼자 힘으로 읽고 뜻을 파악하는 능력을 길러야 한다. 내신 시험을 대비하는 것과 수능을 대비하는 것은 이 점에서 확연한 차이가 있다.

    수능은 글만 잘 읽으면 될까? 그럴 수도 있지만, 정해진 문제 유형이 있고 제한된 시간에 문제를 풀어야 하기 때문에 적절한 속도로 빨리 읽을 줄도 알아야 한다. 분당 30단어를 읽는 학생과 분당 70단어를 읽는 학생, 그리고 분당 100단어를 읽을 수 있는 학생은 수능에서 차이가 난다. 수능은 대개 4,500개 정도의 단어를 50분 안에 읽고 답을 찾아야 하는 시험이다. 전체를 한 번 읽으려면 분당 100단어 정도의 매우 빠른 속도로 읽어 내야 한다.

    물론 모든 글을 처음부터 끝까지 읽는 수험생은 거의 없을 것 같다. 시간에 쫓겨서 읽을 수도 없을 뿐 아니라, 그 정도 속도로 영어를 유창하게 읽을 수 있는 수험생은 많지 않기 때문이다. 그러니 수험생들은 새로운 전략과 전술을 익히는 데 많은 시간을 보낸다. 짧은 시간에 지문을 모두 읽지 않으면서도 정답을 찾는 방법과 노하우를 습득하고 연습해야 한다.

수능 빈칸 채우기 문항

수능 빈칸 채우기 문항은 몇 가지 고유한 특징이 있다. 먼저 지문의 길이가 200단어 정도로 매우 짧다. 글이라는 속성에 비춰 보면 이 정도 길이는 너무 짧은 것이다. 반면 한 문장의 구조는 매우 복잡하고, 길이도 길다. 어떤 경우에는 한 문장이 세 줄 정도 되기도 한다. 요즘 같은 인터넷 시대에 뉴욕타임스 같은 신문도 한 문장이 세 줄 정도 되는 지나치게 긴 문장은 잘 쓰지 않는다. 그런 긴 문장은 일단 메시지가 애매하고, 초스피드 시대에 독자들을 신문으로 끌어들이는 데 어려움이 있다. 그래서 인터넷 신문은 한 문장을 짧게 구성하는 경향이 있다. 그런데 수능에 등장하는 빈칸 채우기 문항의 경우 한 문장의 길이가 비교적 길다.

빈칸 채우기에 사용되는 글은 대개 원문이 있다. 빈칸에 들어갈 적절한 답이 정답 시비에 휘말리지 않아야 하기 때문에 새로이 만든 글을 가지고 출제하는 경우는 거의 없다. 정답 시비가 생길 경우 원문이 있으면 방어하는 데 유리할 수 있다.

빈칸 채우기 문항의 원문으로 일반 신문 기사나 평이한 글은 잘 사용하지 않는다. 하버드대학교의 정치학과 교수가 인터넷의 전문 잡지에 기고한 14장 정도의 글에서 가져온 경우도 있고, 영문학 교수가 집필한 책에서 가져온 경우도 있다. 학술적이고 전문적인 내용의 글이 대부분이다.

그런 글을 200단어로 줄이는 것은 쉽지 않다. 하지만 우리나라 영어 시험은 짧은 글을 제시하고 내용을 묻는 유형이 보편적이다. 긴 글을 내면 학생들이 부담스러워 하고 제대로 풀지 못할 것이라는 편견을 갖고 있다. 수능이 그렇고, 내신 시험도 그렇고, 국내에서 개발된 다른 영어 시험들도 대부분 그렇다. 하지만 짧은 글이 이해하기 어려운지, 긴 글이 이해하기 어려운지 따져 볼 일이다. 적절한 시간이 주어진다면 일반적으로 긴 글이 훨씬 이해하기 쉽다.

개인적으로 몇 번의 연구를 거쳐 이를 증명했다. 같은 영어 능력을 가진 학생들에게 똑같은 내용의 글을 주었는데, 하나는 수능에 출제된 글을 그대로 제시했고, 다른 하나는 수능에 출제된 글의 원문을 찾아서 길이를 두 배 정도 늘려 제시했다. 이렇게 글의 길이를 늘리면 전체적인 글의 완결성이 훨씬 높아진다. 비슷한 수준의 영어 능력을 가진 두 집단에게 짧은 글과 긴 글을 읽게 하고 정답률은 물론 내용을 어느 정도 얼마나 제대로 이해했는지 확인해 보았다. 긴 글을 읽은 학생들의 정답률이 확연히 높았다. 심지어 영어 능력이 가장 우수한 집단을 대상으로 실험을 해도 비슷한 결과가 나왔다.

수능의 빈칸 채우기 문항은 마치 희미한 그림자를 주고 이 물체가 무엇인지 맞춰 보라고 하는 것 같다. 충분한 정보를 주고 이것이 비행기인지 아닌지 물어야 하는데, 비행기처럼 보이기도 하고 다른 물체로 보이기도 하는 애매한 수준의 정보를 주고 이게 무엇인지 묻고 있는 것이다.

따라서 정작 글을 읽어도 무슨 뜻인지 정확하게 모르는 경우가 많고, 잘못 읽는 경우도 많다. 텝스TEPS 800점이 넘는 우수한 대학생들을 대상으로 실험을 해봐도 200단어 정도의 수능 지문을 상당수 잘못 읽었다. 주어진 정보가 워낙 적다 보니 의미를 파악하는 것이 쉽지 않다는 뜻이다. 주어진 정보를 늘리고 글의 상황이나 맥락을 충분히 제공하자 정답률은 물론 이해도도 훨씬 향상되었다.

빈칸 채우기 문항을 이런 식으로 만든 이유는 변별력과 관련이 깊다. 다양한 수준의 영어 능력을 가진 학생들의 영어 능력을 한 줄로 세워서 변별을 해야 하니, 글을 늘리는 것이 부담스럽다. 글의 길이와 시험 시간을 늘리지 않으면서 수험생들을 변별하기 위해 편법으로 까다로운 문제를 출제하는 것이다. 수능의 킬러 문항은 그런 배경 때문에 존재한다. 이전에 본고사가 있을 때는 특정 대학에 지원한 학생들만 킬러 문항을 풀면 되었다. 그러나 대학별 고사가 없어진 상황에서 수능으로 수많은 수험생을 변별하려고 하니 50만 수험생 누구나 킬러 문항을 접하게 된 것이다.

비상식적인 상황은 이런 킬러 문항의 정답률이 거의 10% 미만, 때로는 5% 정도에 그친다는 점이다. 다섯 개 선택지 중에서 하나의 정답을 고를 경우, 전국의 수험생들이 무작위로 정답을 찍어도 약 20%의 정답률이 나온다. 50만 명 정도의 수험생이 특정 문항에 답을 하게 되면, 샘플의 수가 워낙 많기 때문에 대개 20% 정도의 정답률에 수렴하는 것이 정상이다. 따라서 10% 미만의 정답률이 나오는 문항은 변별을 잘하는 좋은 문항이 아니라, 적절하지 않은 문항일 수 있다.

시험을 어렵게 내는 것은 정말 쉽다. 그러나 학생들이 갖고 있는 능력의 차이를 잘 변별해 줄 수 있는 시험이 좋은 시험이다. 하지만 몇 가지 실험에서 보면 빈칸 채우기 문항의 답을 맞춘 학생이 정말 알고 맞힌 것인지, 아니면 내용을 모르면서 우연히 정답을 골라낸 것인지 확실히 구분이 되지 않는다. 그렇게 등급을 나눈 것이 과연 어떤 의미를 가질까. 정답을 맞힌 학생이 그렇지 못한 학생에 비해서 영어 실력이 우수한 것일까? 아니면 그날 운이 좋아서 정답을 맞힌 것일까. 글을 읽고 이해하는 능력은 모르겠지만, 정답을 고르는 기술과 노하우를 알고 있는 경우일지도 모르겠다.

수능에 대비하려면

수험생들은 이런 내신 시험과 수능의 현실을 부정하거나 거부할 수는 없다. 물론 개선의 여지가 있지만, 개선을 위해서는 시간이 필요하다. 당장 내신 시험이나 수능을 준비해야 하는 학생들에게 그때까지 기다리라고 할 수는 없다. 학생의 입장에서는 시험에 대비한 맞춤형 공부를 할 수밖에 없다. 내신 시험은 학교마다 가르치는 내용이 다르고 평가 기준도 다르니 여기서 하나의 방법을 제시하기는 어렵다. 하지만 수능을 대비하는 가장 좋은 방법을 묻는다면 영어로 된 좋은 글을 일찍부터 많이 읽으라고 권하고 싶다. 글을 읽는 힘을 기르면 수능을 잘 준비할 수 있다. 그뿐만이 아니라 대학에 진학하거나 사회에 나와서도 아주 유용할 것이다. 그런 능력을 기르는 것을 마다할 이유가 없다. 수능에 대비한 편법을 익힐 수도 있고, 시험을 치르는 전략을 기를 수도 있다. 하지만 그건 미리부터 준비할 필요도 없고 장기적으로 도움이 되지도 않는다. 그러나 글을 읽는 힘을 기르면 두루 좋다. 단어를 많이 익히고 문법을 조금 알게 되면 그때부터 책을 붙들고 읽어 보자.

이런 방식으로 성공한 사례는 주변에 너무도 많다. 어느 날 이런 이메일을 받았다. 그분은 전에도 오랫동안 영어를 배웠지만, 언제부턴가 쉬운 영어 원서를 읽기 시작했더니 영어를 익히는 데 무척 도움이 되었다고 말했다. 책에 등장하는 빈도가 높은 기본 단어부터 의미와 쓰임새를 다시 배우게 되었다고 했다. 자신의 딸도 학원에 보내지 않고 영어책 읽기로 키웠는데, 수능에서 영어 만점을 받았다고는 말도 덧붙였다.

몇 년 전에는 호주에 이민 간 어떤 학부모에게 이메일을 한 통 받았다. 대충 이런 내용이었다. 아이가 호주에 이민 와서 글 읽기를 즐겨 하더니 언제부턴가 책을 한번 잡으면 완전히 빠져서 읽고 자기 반에서 책을 가장 많이 읽는 아이가 되었다고 했다. 어느 날부터는 4-5장 정도의 글을 영어로 쓰더니, 요즘에는 20장 정도의 글을 쓰고 얼마 전에는 30장 정도 분량의 글을 썼다고 한다. 그런 과정이 너무나 신기했다는 말에 나는 이렇게 답했다. "신기한 일이 아니라, 당연한 일입니다."

왜 영어는 오랫동안 공부해도 못하는 것일까?

17장

우리는 대부분 영어를 오랫동안 공부했다고 생각한다. 그런데 막상 영어를 사용할 때가 오면, 입에서 나오지 않고 들리지 않는다. 그렇다고 글을 유창하게 읽고 쓸 수도 없다. 우리는 왜 오랫동안 공부했는데도 영어를 어려워하고, 영어에 자신감이 없을까? 17장에서는 이 질문에 대한 답을 함께 고민해 보려 한다.

우리의 영어 환경

우리는 영어를 오랫동안 공부했는데 왜 영어를 못하는 것일까? 첫 번째로는 학교의 영어교육 환경, 영어를 가르치는 방식, 평가 체제가 문제다. 두 번째는 우리나라의 독특한 단일 모국어 환경이다. 여러 언어를 사용하는 사람들끼리 어울려 살아본 경험이 드물고, 일상에서 이중언어를 경험해 본 적도 별로 없다. 세 번째는 근대 제국주의 물결 속에서 우리가 겪은 독특한 역사적 경험이다. 한마디로 19세기

대영제국의 팽창은 홍콩에서 멈췄고, 우리는 일본의 식민지가 되었다. 어느 한 가지 이유만 있는 것이 아니라, 이런 다양한 것들이 서로 얽혀서 우리의 영어교육 환경을 만들었다.

그에 앞서 정말 영어를 오랫동안 공부했는지도 살펴봐야 한다. 학교에서 영어를 배운 시간은 대략 700-1,000시간 정도다. 물론 개인마다 차이는 있다. 20년 전만 해도 학교에서 영어교육을 받은 시간이 700시간이 되지 않았지만 요즘에는 초등학교 때부터 영어를 배운다. 초등학교 3학년부터 4년간 영어교육 시간을 계산해 보면 60-70시간 정도다. 비교적 어린 나이에 영어교육을 시작하니 효과가 클 것으로 생각하지만 크게 의미 있는 시간은 아니다. 물론 우리나라 학교 영어교육 시간이 다른 나라와 비교했을 때 아주 적거나 많은 것은 아니다. 오히려 학교에서 어떤 방식으로 영어를 배우고 익히는지가 더 문제다.

학교에서는 읽기와 문법을 주로 배우고 의사소통 중심의 영어교육을 강조하는 덕분에 듣기도 조금 한 것 같다. 하지만 초등학교를 벗어나 중고등학교에 가면 말하기와 쓰기는 여전히 거의 하지 않는다. 지난 수십 년 동안 학교에서 영어를 가르치는 방식에 큰 변화가 없었다.

한때 우리나라의 영어교육을 혁신해 보려고 여러 가지 노력을 한 적이 있다. '영어를 영어로 가르치자Teaching English through English'는 움직임도 있었다. 이런 움직임 때문에 영어 교사들이 영어로 수업을 진행하거나 원어민 강사를 고용해서 영어로 수업을 진행했지만 실질적으로 학생들이 영어를 말할 기회는 별로 없었다. 이런 방식이 유행할 때 다음과 같은 말이 돌았다. "영어 교사만 영어를 쓰더라. 영어 교사가 수업 시간에 영어를 하니 자신의 영어 능력만 늘더라." 정작 학생들은 영어를 듣기만 했지 직접 해볼 기회가 별로 없었다.

   영어를 배우려면 영어의 물속에 들어가서 허우적거려 보기도 하고, 물도 마셔 보면서 서툴게라도 영어를 해봐야 한다. 완벽한 영어를 구사하지 못하더라도 그런 경험을 해야 한다. 그러나 그런 기회가 별로 없는 것이 문제다. 1,000시간 중에 교사가 강의하는 시간은 100시간이고, 나머지 900시간은 학생들이 영어를 읽고, 쓰고, 말하고, 듣는 시간이었다면 뭔가 달라졌으리라고 생각한다. 하지만 거꾸로 된 경우가 많았다. 교사가 900시간을 쓰고, 학생들이 100시간 정도 영어를 쓰는 상황이었다. 문법을 통해서 영어로 된 글을 읽는다고 하지만, 고등학교를 졸업하고 대학을 졸업해도 여전히 영어로 된 글을 부담스러워하는 사람들이 많은 현실은 바로 그런 교육 방식 때문이다.

   영어 능력을 기르려면 학생들이 실질적으로 영어를 체험해 보는 것이 필요하다. 학생들은 영어를 들을 때 오리무중五里霧中의 경험을 해봐야 한다. 아무리 영어를 잘해도 상대방이 말하는 내용이나 TV나 인터넷에서 흘러나오는 연설이나 드라마의 대화를 모두 완벽하게 알아듣는 것은 쉽지 않다. 들으면서 놓치는 부분도 있고, 무슨 말일지 나름대로 생각해 보기도 하고, 어떤 의도인지 핵심만 듣는 경우도 있다. 모르면 추측을 해보기도 한다. 그것이 우리가 실제로 영어를 들을 때 경험하는 현상이다. 들으려고 하는 내용을 교사가 깔끔하게 설명한다고 해서, 학생들이 나중에 알아듣는다는 보장은 없다. 그러나 교실에서 학생들이 이런 오리무중의 경험을 할 기회는 별로 없는 것 같다.

말을 하는 경우도 그렇다. 아직은 능숙하지 않으니 말을 하려고 하면 당연히 발음도 서툴고 문법도 엉망인 경우가 많다. 수영을 처음 해보는 사람이 멋지게 수영을 할 리가 없는 것처럼 말이다. 틀리는 것이 당연한데 틀리면 안 되는 상황, 틀리면 문제가 되는 상황이 반복되면 이상하지 않은가? 히지만 이런 이상한 상황이 학교 영어교육에서는 매일 반복된다. 뭔가를 배우려고 할 때 틀리지 않고 배울 수는 없다. 그러나 학교에서는 틀리지 않고 정확하게 말해야 한다. 그러니 학생들은 아예 말하는 것 자체를 회피한다. 말을 하려고 입을 열기가 두렵고 틀리는 것이 창피하고 부끄럽게 느껴지는 것이다.

우리의 학교 밖 영어 환경

학교 밖의 영어 환경이라고 해서 교실과 크게 다르지 않다. 첫째, 영어를 쓸 공간이 별로 없을 뿐만 아니라 영어를 사용하지 않아도 그다지 불편할 것이 없다. 우리는 단일 모국어 환경이다. 우리에게는 한 국가가 단일어로 소통하는 것이 당연한 것처럼 보이지만 그렇지 않은 경우가 더 보편적이다. 국가 단위로 묶여 있지만 서로 다른 언어를 쓰면서 섞여 사는 경우가 더 많다. 예를 들어 벨기에는 작은 나라지만 네덜란드어, 독일어, 프랑스어가 공용어다. 여기에 EU 본부가 벨기에 수도 브뤼셀에 있어서 영어도 널리 사용된다. 스위스도 프랑스어, 독일어, 이탈리아어를 쓰는 주민들이 있다. 스페인도 스페인어만 쓸 것처럼 생각되지만, 스페인어 이외에도 카탈루냐어는 물론 바스크어를 쓰는 지역도 있다. 미국은 영어를 쓰지만, 한국어, 스페인어, 중국어, 힌디어 등 다양한 이민자들이 사용하는 언어가 섞여 있다. 캐나다에는 프랑스어를 주로 쓰는 퀘벡 지역이 있고, 이 지역에서 영어는 주류 언어가 아니다. 많은 국가들이 이와 같은 모습이다.

하지만 우리는 상당히 예외적이다. 일제강점기에 잠시 이중 언어를 써본 경험이 유일하다. 다른 언어를 사용하는 사람들과 어울려 살아 본 경험이 별로 없어서 모국어 이외에 다른 언어를 한다는 것이 많이 낯설고 어색하다. 훈련이 안 되어 있을 뿐만 아니라 경험도 부족하고 감각도 떨어진다. 물론 요즘 세대는 이전 세대에 비해 상당히 많이 나아진 것 같다.

역사적 산물로서 우리의 영어 환경

우리의 영어 환경은 역사적 산물이기도 하다. 전 세계적으로 각 나라마다 영어교육을 실시하고 영어가 세계 공용어처럼 사용되고 있지만, 영어권 국가를 제외하면 각국이 처한 영어 환경은 조금씩 다르다. 영어 사용 환경에 따라 국가를 구분할 때, 내부 그룹inner circle에 속하는 나라는 영어를 모국어로 쓰는 영국, 미국, 캐나다, 호주, 뉴질랜드, 남아프리카공화국 등이다.

다음으로 외부 그룹outer circle이 있다. 이 그룹에 속하는 나라는 과거 영어권 국가의 식민지 지배 경험이 있어 영어가 사회 곳곳에 널리 쓰이는 국가들이다. 싱가포르, 필리핀, 인도, 말레이시아, 홍콩, 파키스탄, 방글라데시, 나이지리아, 케냐, 스리랑카, 가나, 잠비아 등이 외부 그룹에 속한다. 그 이외의 나머지 국가를 확장 그룹expanding circle으로 분류한다. 내부 그룹과 외부 그룹을 제외한 모든 국가들이 확장 그룹에 속한다.

확장 그룹에 속하는 국가들도 내부적으로 보면 상황이 매우 다양하다. 이집트, 인도네시아, 대만, 이스라엘, 일본, 중국은 물론, 프랑스, 스페인, 이탈리아, 러시아, 독일, 핀란드, 스웨덴, 노르웨이, 덴마크 등이 여기에 속한다. 일상에서 비교적 영어를 많이 사용하는 덴마크나 핀란드도 일본이나 우리와 같이 확장 그룹으로 묶인다.

세 그룹에 속하는 국가 중에서는 당연히 내부 그룹에 속하는 사람들이 영어를 가장 잘한다. 태어나면서 영어를 사용하고, 영어가 모국어이니 말할 필요도 없다. 그 나라들은 각자 자기 고유의 영어를 갖고 있다. 미국 영어가 있으면 영국 영어가 있고, 호주 영어도 있고, 다른 영어도 있다. 이들 나라의 영어는 모두 영국 영어에서 기원했지만 조금씩 다르다.

그 다음으로 외부 그룹에 속하는 나라들은 싱가포르처럼 공적인 영역은 물론 사적인 영역에서 영어를 사용하는 경우다. 경우에 따라서 두 개 이상의 공용어가 존재하는데, 공적인 영역에서 영어를 더 널리 사용하는 경우도 있고 영어와 다른 공용어가 혼재되어 사용되는 경우도 있다. 인도나 파키스탄 또는 필리핀이 그런 경우다. 자신들의 언어를 좀 더 강조하고 영어의 영향력을 줄이려고 시도하는 국가도 있다. 말레이시아가 대표적이다. 하지만 외부 그룹에 속하는 사람들이 일상에서 영어를 사용하고 영어를 접할 가능성은 확장 그룹에 속한 사람들보다 훨씬 높다. 그러니 싱가포르 사람들은 영어를 잘하는데 우리는 왜 못하는지 묻는 것은 어리석은 짓이다.

외부 그룹은 내부 그룹에 속한 국가의 식민지 경험을 공유하고 있다. 주로 19세기 제국주의 시대의 유산이다. 특히 지구 곳곳에 식민지를 운영하며 해가 지지 않았던 대영제국의 영향권에 속했던 나라들은 '영어교육을 잘 시켜 보자!'라는 의도에서 영어를 잘하게 된 것이 아니다. 식민지 유산으로 영어가 사회 곳곳에 깊숙이 침투해 들어와 있을 뿐만 아니라, 독립 국가가 된 이후에도 영어를 사용하지 않고는 교육이나 공적 시스템을 운영하기 어려운 경우가 많다.

한편 전 세계적으로 보면 확장 그룹에 속한 국가들이 가장 많다. 우리의 영어교육 환경이나 우리가 어느 정도 얼마나 영어를 잘하는지를 객관적으로 알고 싶으면 이들 나라를 참조하고 비교하는 것이 적절하다. 물론 이 나라들도 영어를 받아들이고 교육하고 사용하는 정도가 조금씩 다르다. 우리나라나 일본, 대만, 중국, 러시아, 베트남 같은 나라가 있는 반면에, 네덜란드, 덴마크, 노르웨이, 스웨덴, 핀란드 같은 나라도 있다.

확장 그룹 중에서 영어 능력이 우수한 국가를 살펴보면 북유럽 4개국(스웨덴, 덴마크, 노르웨이, 핀란드)이 항상 등장한다. 이 밖에 네덜란드도 상당히 상위권에 올라와 있다. 이들 나라는 내부 그룹의 식민지 경험은 없지만, 문화적으로나 역사적으로 영어권과 가깝고 인구 또한 매우 적다. 대개 1,000만 명 미만으로 서울시 인구 정도이거나, 서울시 인구의 반 정도밖에 되지 않는다. 그래서 자신들의 언어가 있음에도 자신의 언어만으로 생존하기 쉽지 않다. 그러다 보니 영어가 비교적 사회 깊숙이 들어와 있다. 특히 출판이나 방송 그리고 엔터테인먼트 등 문화 분야에서 영어가 사회 곳곳에 깊숙이 자리잡고 있다. 그만큼 일상에서 영어에 노출될 기회가 많은 나라들이다.

우리의 영어 환경은 같은 확장 그룹에 속한 나라들과 비교해도 많이 다르다. 가까운 일본이나 중국과도 다르다. 일본은 미국과 전쟁을 치른 경험이 있지만, 우리는 구한말 이후 선교사들을 통해서 미국과 교류하게 되었다. 한국 전쟁을 거치면서는 미군이 주둔하고, 미국으로 이민이나 유학을 가는 사람도 점점 더 많아졌다. 이런저런 식으로 우리에게 가장 많은 영향을 끼친 나라가 미국이기 때문인지 우리는 일본보다 영어에 관심이 많고, 영어에 더 많은 시간을 투자하고, 영어를 훨씬 잘한다. 학교에서 진행하는 영어교육에는 크게 차이가 없는 것 같지만, 학생들의 영어 능력은 일본과 비교해 뚜렷한 차이가 난다. 이런 차이는 학교 영어교육만으로 설명할 수 없으며, 우리 사회에서 영어가 가지는 역할과 위상, 영어를 바라보는 시선이나 가치관 등이 영향을 미친 결과다.

우리만의 독특한 모습도 있다. 우리나라는 인터넷 정보화 세상에서 영어 없이 자국어만으로 생존할 수 있는 몇 안 되는 국가로, 우리글만 가지고도 살아갈 수 있는 탄탄한 인프라를 갖추고 있다. 전 세계적으로 인터넷 포털이나 검색 사이트로 구글Google을 많이 쓰지만, 우리는 네이버나 다음 같은 국내 포털 사이트를 갖고 있어서 구글을 쓰지 않아도 웬만한 정보 검색이 가능하다. 국내의 카카오톡이나 다양한 SNS를 통해서 소통도 가능하다. 굳이 영어권에서 만들어진 프로그램을 사용하지 않아도 살아남을 수 있는 것이다. 세계적으로 이런 조건을 가진 나라는 많지 않은 것 같다.

정보의 바다라는 인터넷으로 원하면 언제든지 다양한 외국어 정보에 접근할 수 있지만, 대부분의 한국인은 여전히 한글로 된 정보의 바다에 살고 있다. 10년 이상 영어교육을 받으면서도 영어는 여전히 학교 영어교육 및 상급 학교 진학에 필요한 주요 교과목 중의 하나일 뿐이다. 입시, 선발, 평가, 입사에 영어가 걸림돌이 되긴 하지만 일상을 살아가는 데 반드시 영어를 해야 하거나, 영어 정보를 활용해야 하거나, 영어로 긴밀하게 소통해야 하는 상황은 많지 않다. 영어를 잘하면 좋지만, 영어를 못해도 살아가는 데 크게 불편하지 않다. 탈북자들은 남한에 정착해서 가장 낯설고 어려운 것 중 하나가 영어라고 하지만, 아파트 단지나 회사, 카페의 이름을 찾는 등 영어에서 온 외래어가 쓰이는 상황을 제외하면 일상에서 영어 때문에 어려움을 겪는 경우는 많지 않다.

최근에는 우리나라에 거주하는 외국인들의 모습도 많이 달라졌다. 우리나라에 사는 외국인들이 우리말을 유창하게 하기 시작한 것이다. 그런 점에서 모 방송국의 '비정상회담'이라는 프로그램은 한국 사회에 많은 영향을 끼쳤다. 10여 년 전만 해도 TV 프로그램에 외국인이 등장하면 대개 해당 외국어를 사용했다. 특히 영어를 모국어로 쓰는 원어민이 우리말을 사용하는 경우는 드물었다. 하지만 우리나라에 거주하는 다양한 외국인들이 오로지 우리말로 말하는 '비정상회담'의 방송 이후, 외국인들이 방송에서 한국어를 자유롭게 사용하는 모습이 눈에 띄게 늘었다. 이제는 그들이 한국어를 사용하는 것이 당연하게 받아들여진다. 방송에서 한국어를 해야 주목을 받고, 여러 방송 프로그램에 출연할 수 있는 기회를 얻는다. 이런 장면을 보면서 많은 사람들이 영어와 우리말을 새롭게 인식하게 되었다. 영어를 보는 시각도 변하고, 사회 분위기도 많이 달라졌다.

왜 우리는 영어를 못할까?

우리나라 사람들이 영어를 오랫동안 공부했는데 왜 영어를 못하느냐는 말은 모두 맞는 이야기는 아니다. 영어교육 시간도 충분하지 않았고, 영어교육 방식, 평가하는 방식, 문법 중심의 영어교육도 그다지 효과적이지 않았다. 19세기와 20세기의 독특한 역사적 경험도 중요한 영향을 미쳤다. 우리나라는 21세기 인터넷 정보화 시대에도 우리 언어로 탄탄한 정보망을 갖추고 자유롭게 살아갈 수 있는 많지 않은 나라 중 하나다.

21세기에 들어와서 우리의 위상도 많이 달라졌다. K팝을 선두로 다양한 우리 문화가 세계로 전파되고 있고, 한국어 시험을 보겠다는 외국인이 전 세계적으로 매년 30만 명을 넘는다. 한국에 살고 있는 외국인들은 적극적으로 한국어를 배우려고 한다. 수많은 해외 여행 프로그램에서 국내 연예인들은 완벽하지는 않지만 간단한 영어를 통해서 적극적으로 소통하는 모습을 보여 준다. 완벽한 영어를 구사해야 소통할 수 있다는 편견도 조금씩 사라지고 있는 것이다.

변화된 환경에서 영어를 얼마나 쓰는지, 영어로 얼마나 소통하고 정보를 찾는지 물으면 많은 사람은 "일주일에 한 시간도 안 하는

데."라고 답할 것이다. 인공 지능 기반의 챗GPT가 등장했다고 하는데, 그곳에서 영어로 대화를 나눠 본 경험이 있는지 궁금하다. 영어로 질문하면 응답이 영어로 쏟아져 나온다. 수많은 영어 문장을 보면 부담스러워할 사람도 많을 것 같다. 대학을 졸업할 때까지 10여 년에 걸쳐 영어를 배워도 그런 수준의 영어를 소화하지 못하는 사람이 많다.

개인의 영어 능력은 다양한 변수에 의해서 결정된다. 하지만 쉽게 생각해 보면 수영을 할 수 있는 능력은 수영을 얼마나 했는지, 수영을 어떤 식으로 배웠는지, 집 근처에 개천이나 바다나 수영장이 있었는지, 필요성을 얼마나 느꼈는지, 수영을 배우는 것이 얼마나 절실했는지, 수영에 얼마나 흥미를 느꼈는지에 의해서 결정된다. 영어 능력도 마찬가지다. 영어를 얼마나 했고 영어를 배우면서 어떤 경험을 했는지, 영어에 얼마나 관심이 있고 주변에서 영어를 얼마나 쓰는지, 나에게 영어가 얼마나 절실한지에 의해서 개인의 영어 능력이 결정된다. 영어를 배우는 것은 재능의 문제가 아니다. 영어에 노출되는 시간과 강도, 그리고 이를 가능하게 하는 노력, 흥미, 관심이 차이를 만든다. 이런 것을 통해서 경험하고 쌓인 흔적이 나의 영어 능력이다.

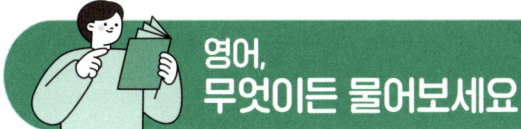
영어, 무엇이든 물어보세요

Q 영어를 잘하려면 무엇을 해야 하나요?

A 일단 영어에 관심을 가져야 하겠죠. 영어를 사용하는 나라, 그들의 문화, 도시, 사람들에 관심을 가지면 자연스럽게 그 나라의 언어에도 관심을 갖게 될 것입니다. 영어를 잘하려면 일단 영어와 친해져야 합니다. 단순히 영어 자체에 관심을 갖기보다, 영어를 둘러싼 음악이나 영화 또는 책에 관심을 갖는 것도 필요해 보이네요. 그런 과정을 통해서 영어에 친해지고, 영어와 보다 많은 시간을 보내는 것이 필요합니다. 지나치게 어려운 내용을 배우려고 애쓰는 것보다 쉽고 자신의 능력에 맞는 것부터 하나씩 하나씩 배움의 과정을 즐기는 것이 중요합니다. 너무 성급하게 갈 필요도 없고, 과도한 욕심을 부리는 것도 오히려 부담이 될 수 있죠. 천리길도 한 걸음부터라고, 꾸준히 하루하루 즐기는 겁니다. 그 과정에서 자신에게 칭찬도 하고 격려도 하면서 나아가다 보면 어느 순간 영어를 잘하게 될 것입니다. 어떻게 영어를 즐길 수 있을지 자신만의 방법을 찾아서 꾸준하게 하는 것이 가장 좋겠죠.

Q 왜 영어를 배워야 하나요?

A 영어를 배우면 좋은 점은 너무 많습니다. 우선 전 세계 사람들과 쉽게 소통할 수 있습니다. 전 세계적으로 영어를 조금이라도 할 수 있는 사람은 14억 명이 넘습니다. 그 사람들과 잠재적으로 소통할 수 있는 기회가 생긴다는 것은 엄청난 장점이죠. 또한 영어는 전 세계 문화, 예술, 과학, 학문, 통신, 관광의 중요 언어이기도 합니다. 단적으로 전 세계 사람들이 모였을 때 가장 쉽게 소통할 수 있는 언어도 영어죠. 어떤 면에서 보면 영어는 영어권 나라의 언어이면서 동시에 세계어이기도 합니다. 영어로 글을 써서 인터넷에 올리면 세계 모든 사람들이 볼 수 있죠. BTS나 한류도 그런 과정을 통해서 전 세계에 알려진 것이고요. 그런 기회를 가질 수 있다는 것이 영어를 배워야 할 한 가지 이유입니다.

Q 문제집이나 독해 책 말고 원어민이 쓴 책을 읽어 보고 싶어요. 수준에 맞는 원서는 어떻게 고르나요?

A 문제집과 독해 책만 읽는 것은 너무 따분한 일이죠. 영어를 좀 할 수 있게 되면 다양한 책을 읽는 것을 적극 추천합니다. 그것이 어떻게 보면 영어를 가장 잘할 수 있는 방법이기도 하죠. 몇 가지 기준을 말씀드리면, 첫째 반드시 원서일 필요는 없습니다. 원서는 한마디로 원어민이 원어민을 위해서 쓴 책이기 때문에 수준에 안 맞을 수가 있어요. 자기의 수준에 맞는 것을 골라야 합니다. 필요 이상으로 어려운 책을 가지고 씨름할 필요는 없습니다. 둘째 쉽고 재미있는 것

을 고르는 것이 좋습니다. 쉽다는 의미는 적어도 읽으려고 하는 책에 모르는 단어가 거의 없는 것을 말합니다. 한 쪽에 50단어가 있는 글이라면 모르는 단어가 하나도 없는 것이 좋고, 한쪽이 100단어 정도로 된 글이라면 모르는 단어가 한두 개 정도면 좋습니다. 셋째 인터넷에 가면 다양한 글 읽기 프로그램을 제공하는 사이트들이 많이 있습니다. 초등학생이나 중학생은 Newsela, Reading Rockets, Raz-Kids, Accelerated Reader 같은 사이트를 활용해 보는 것도 좋습니다. 고등학생은 USA Today 같은 신문을 읽어도 좋고, 용기를 내서 아마존 같은 온라인 서점에 가서 자신이 읽고 싶은 책을 골라 읽어 봐도 좋습니다. Newbery상은 청소년 문학상이라고 할 수 있는데, 청소년들을 위한 좋은 책들이 많이 있어요. 이 밖에도 아마존 children's books 섹션에서 많은 사람들이 좋다고 평가한 책들을 골라보는 것도 재미있을 거예요. 한 권씩 읽다 보면, 재미도 느낄 수 있고, 어느덧 자신의 영어 능력이 향상된 것을 알 수 있을 거예요.

Q 영어 단어는 단순히 많이 외우면 되나요? 무작정 외워도 효과가 있나요? 단어 학습을 위해서 시간을 따로 내는 게 좋은가요, 아니면 모르는 단어가 나올 때마다 정리하는 게 나을까요?

A 영어 단어를 무작정 외우는 것은 생각만큼 효과가 없어요. 일단 그런 식으로 기본적인 단어를 외우더라도 실제 외운 것이 효과를 나타내려면 글을 통해서 외운 단어를 많이 접해 봐야 해요. 그렇지

않으면 외운 것을 잊어버리거나 글을 읽을 때 외운 것을 제대로 활용할 수 없어요. 물론 시간을 내서 단어를 의식적으로 외우고 연습하고 활용하는 것은 좋은 방법이에요. 하지만 단순히 외우기보다 그 단어를 가지고 다양한 활동을 많이 해보는 것이 좋아요.

  모르는 단어가 나올 때마다 정리하는 것은 생각보다 효과적이지 않아요. 모르는 단어가 나온다는 건 글을 읽거나 문제집을 푸는 경우일 텐데, 그때는 글을 읽거나 문제를 푸는 데 집중하는 것이 좋죠. 그 후에 모르는 단어를 별도로 정리하는 것이 좋아요. 물론 정리만 하는 것은 아무 의미가 없겠죠. 단어장을 아무리 잘 만들어도 그것을 여러 번 다시 보고 활용해 보고 써보는 과정을 거치지 않으면 무용지물이니까요. 일단 가장 널리 쓰이는 2,000-3,000단어는 단어장을 활용하거나 다른 어떤 방법을 써서라도 알고 있어야 해요. 그 정도를 알게 되었다면 이제 글을 읽을 준비가 어느 정도 된 것이니 수준에 맞는 재미있는 글을 선택해서 읽으면 됩니다. Graded Readers라는 책들은 어휘에 맞춰 글을 새롭게 정리한 것으로, 자신의 수준에 따라서 골라 읽을 수 있어요. 아래 사이트에서 이런 책에 대해 많은 정보를 얻을 수 있어요.

- ERF Graded Readers List(https://sites.google.com/site/erfgrlist/)

Q 책을 읽을 때 모르는 단어가 나오면 멈추고 뜻을 찾아 가며 읽는 게 나은가요, 뜻을 몰라도 계속 읽어 나가는 게 나은가요? 독해는 매일 조금씩 하는 게 나을까요, 집중 학습을 위해서 몰아서 해야 하나요?

A 만약 글을 읽고 즐기는 것이 목적이라면 모르는 단어가 나올 때마다 멈추는 것은 별로 좋은 방법이 아니에요. 자꾸 멈추면 글을 읽는 재미가 떨어지고, 뜻을 이해하고 글의 내용을 이해하는 데 방해가 될 수 있어요. 하지만 글을 보면서 내가 모르는 단어를 찾고 그 단어를 집중적으로 공부하는 것이 목적이라면, 그때는 모르는 단어를 발견했을 때 기쁜 마음으로 기꺼이 멈춰서 단어의 뜻을 찾아 보세요. 의미를 생각해 보고, 글에서 그 단어가 어떻게 쓰였는지 생각해 보는 시간을 갖는 것도 좋겠죠. 이런 경우는 글에서 모르는 단어를 찾는 '보물찾기'라고도 할 수 있을 거예요.

글은 매일 조금씩이라도 읽는 것이 좋아요. 영어는 하루 공부하고 그만두는 것이 아니기 때문에 매일 조금씩이라도 읽는 습관을 갖는 것이 중요해요. 읽고 싶다고 읽게 되는 것은 아니에요. 읽는 것보다 더 흥미로운 것들이 많은 세상이어서, 언제든지 다른 유혹에 빠질 수 있죠. 그래서 매일 읽는 습관을 들이는 것이 좋고, 많은 내용을 읽겠다고 목표를 세우지 않고 '오늘 다섯 문장만이라도 읽어야지'라는 생각도 괜찮아요. 그렇게 글을 읽다 보면, 재미있어서 더 읽게 될 가능성이 높거든요. 성취감도 느끼고, 자신이 세운 목표보다 더 많이 읽었을 때 스스로를 자랑스럽게 생각하게 되죠. 그렇게 꾸준하게 읽는 것이 좋습니다.

Q 학원을 다니지 않고 혼자 공부하는 학생에게 도움이 되는 문법 공부법에는 무엇이 있나요?

A 기본적인 영어 문법책이 있을 거예요. 그런 문법책을 구해서 서너 번 읽어 보는 것이 좋겠죠. 물론 읽어서 무슨 말인지 이해할 수 있는 내용의 책이면 좋아요. 너무 복잡하거나 어려운 내용을 담고 있는 것은 권장하고 싶지 않아요. 우리가 영어 단어를 외우거나 문법을 공부하는 이유는 글을 읽고 저자가 하는 말을 이해하기 위해서지, 그 자체가 목적은 아니니까요. 따라서 간단한 문법책을 가지고 공부하고 이해가 되면 그때부터는 책을 읽는 것이 좋아요. 책에도 문법이 나와 있으니 글을 읽으면서 배운 문법을 연습할 수 있고, 모르는 문장이 있으면 다시 문법을 공부하거나 배운 내용을 확인할 수 있겠죠.

문법을 보다 의식적으로 연습해서 더 정확하게 하고 싶다면 문법만 집중적으로 훈련할 수 있는 연습용 문법책을 이용해서 공부하는 것도 좋아요. 서점에 가면 문법만 연습할 수 있는 좋은 책들이 많이 있어요. 이런 책들은 문법 내용을 소개하고 연습을 할 수 있도록 구성이 되어 있는데, 같은 문법도 문장이나 글 또는 맥락마다 어떤 차이가 있고, 어떻게 사용하는 것이 정확한 것인지 확인할 수 있어요. 옥스퍼드 출판사에서 나온 *Grammar in Context* 같은 책이 그런 유형의 문법책이에요.

어떤 책을 고르거나 어떤 내용을 배울 때 가장 중요한 기준은 내가 이해할 수 있고, 나의 수준에 적절한 것인지예요. 약간 어려운 것은 괜찮지만, 자신의 수준보다 너무 어려운 것은 대개 공부하다가 지치거나 흥미를 잃는 경우가 많죠. 이렇게 정리하면 좋아요. 의식적으로 문법을 연습하는 시간을 30분 정도 둔다면, 책을 읽는 시간은 1-2시간으로 잡을 수 있겠죠. 즉, 문법만 집중적으로 연습하는 시간을 책을 읽는 시간보다 길게 할 필요는 없어요. 적절한 균형과 조화가 필요하고, 결국에는 영어로 책을 읽기 위해서 문법을 공부한다는 생각을 잊지 마세요. 어느 정도 문법을 공부해서 영어책을 유창하게 읽을 수 있다면 구태여 문법을 더 공부할 필요는 없어요.

Q 영어, 잘하는 정도까지 하려면 얼마나 오래 공부해야 하나요?

A 이미 여러 번 언급했지만, 일단 잘하는 정도가 어느 정도인지부터가 좀 애매하죠. 또한 한 나라의 언어를 배운다는 것은 많은 노력과 시간 그리고 오랜 기간의 훈련과 연습이 필요해요. 언어는 보기보다 훨씬 복잡하고 다양한 요소들로 구성되어 있어요. 영어를 잘한다는 건 그런 것들을 빨리 자동적으로 처리해서 내가 하고 싶은 말을 할 수 있다는 의미예요.

  영어를 배우는 것을 쉽게 생각하지 말기 바랍니다. 쉽게 배울 수 있다고 생각해서 해보다가 쉽게 포기하는 것보다 꾸준히, 천천히 해보겠다고 생각하고 천천히 오래 가는 것이 더 좋은 방법이 될 수 있어요. 매일매일 조금씩 달라지는 모습을 보고 스스로 칭찬하고 격려하면서 멀리 오래 갈 생각을 하세요. 그렇게 가다 보면 어느 순간 달라진 자신의 모습을 보게 되고, 그런 모습을 보면 더 잘하고 싶다는 생각을 하게 될 거예요. 기본적으로 3,000시간을 한다고 생각하고,

3,000시간을 어떻게 배분할 것인지, 하루에 몇 시간을 할 것인지, 몇 년에 걸쳐 할 것인지 한번 계산해 보세요. 그렇게 꾸준하게 하는 겁니다. 지치지 말고, 중간에 포기하지 말고, 조그마한 성취라도 스스로 격려하고 칭찬하면서요.

Q 영어 초보자, 무엇부터 시작해야 하나요?

A 필요한 단어를 익히고, 기본적인 문법을 먼저 간단히 익힌 다음에 쉬운 글을 읽어 보면 좋아요. 단어는 대개 1,000단어, 2,000단어, 3,000단어로 분류할 수 있는데, 가장 널리 많이 쓰이는 단어부터 배우고 익히는 게 좋아요. 그렇게 어느 정도 단어를 알게 되면, 기본적인 간단한 문법을 이히는 것이 좋겠죠. 글이나 말은 단어가 규칙에 따라 배열된 것이기 때문에 글을 이해하려면 어느 정도 문법을 알아야 합니다. 그런 것들이 갖춰진 다음에는 익숙해지는 과정이 필요해요. 단어를 보고 뜻을 금방 알 수 있도록 훈련해야 해요. 기본적인 문장도 보는 순간 뜻을 알 수 있도록 훈련하면 좋습니다.

Q 영어 말하기 능력을 키우려면?

A 사람들과 직접 말을 해보는 기회를 갖는 것이 가장 좋은 방법입니다. 우리나라에서 그런 기회를 갖는 것은 쉽지 않지만, 찾아보면 할 수 있는 방법은 많아요. 요즘에는 전화 영어도 있고, 인터넷 화상 영어도 있고, 원어민이나 외국인들과 대화할 수 있는 다양한 프로

그램들이 많이 있어요. 그렇게 직접 대화를 해 보는 과정을 통해서 영어 말하기 능력이 조금씩 늘겠죠. 처음부터 완벽한 영어를 한다고 생각하지 말고, 어떤 식으로든 하고 싶은 말을 해보는 것이 좋아요. 그때 상대방이 못 알아들을 수도 있고, 다시 물어볼 수도 있고, 확인을 할 수도 있어요. 그 과정을 즐기면 돼요. 여러분도 상대방에게 질문을 할 수 있으면 더 좋습니다. 그것이 바로 내가 뭘 잘못했는지 확인할 수 있는 순간이죠. 소통하면서 서로 상대방의 뜻을 이해하려고 하는 과정이 중요해요. 모르면 물어보면 되고, 확실하지 않으면 확인하면 되죠. 확인하고 묻는 과정을 두려워하거나 불편해할 필요는 없어요. 그렇게 말하고 소통할 수 있는 기회를 많이 갖는 것이 필요해요. 그런 과정을 통해서 문법도 조금씩 나아지고, 말할 수 있는 내용도 조금씩 늘게 돼요. 발음도 조금씩 상대방이 이해할 수 있을 정도로 좋아지겠죠.

Q 드라마, 영화로 영어 공부를 하는 것이 효과가 있나요?

A 흥미가 있다면 드라마나 영화를 보는 것은 괜찮은 방법인데, 특히 듣고 말하는 능력을 기르는 데 많은 도움이 됩니다. 물론 한두 편 봤다고 해서 실력이 갑자기 느는 것은 아니기 때문에 꾸준히 봐야 해요. 그 과정에서 '오리무중'의 경험을 해보는 것도 좋아요. 무슨 말을 하는지 추측해 보면서 흥미를 가지고 보다 보면 어느 순간 잘 듣게 될 거예요. 물론 자기 수준보다 너무 어려운 것을 보면 효과는 좀 떨어질 거예요. 호주 대사관에 근무했던 한 호주 외교관은 호주에서

한국 드라마를 보게 되었고, 우리말을 상당히 유창하게 잘하게 되었다고 해요. 우리나라에서도 미드(미국 드라마)를 통해서 영어를 배우고 상당한 수준에 이른 사람들을 주변에서 찾아 볼 수 있죠. 하지만 알아들을 수 없는 것을 보고 있는 것은 그렇게 도움이 되지 않아요.

통역 대학원에서는 받아쓰는 훈련을 많이 시킨다고 하는데 그것도 한 가지 방법일 수는 있어요. 물론 엄청난 끈기와 노력을 필요로 할 뿐만 아니라, 시간도 많이 걸리겠죠. 그런 방법은 모든 표현을 정확하게 알아들어야 하는 통역사들에게 필요한 훈련일 거예요. 여러분은 가급적 많은 영어를 들어보고 노출되면서 즐기는 것이 필요하기 때문에, 전체 내용을 이해하는 정도만 하면 좋겠죠. 그런 과정에서 새로운 단어나 문장을 듣게 되면 나중에 다시 의식적으로 공부하는 것도 좋은 방법이에요.

참고문헌

이기정(2008). 『내신을 바꿔야 학교가 산다: 교사가 신나고 학생이 행복해지는 학교 교육 해법』. 미래인.
이병민(2014). 『당신의 영어는 왜 실패하는가?』. 우리학교.
이정림·배윤진·조혜주·송요현·고성룡·이정희(2015). 『유아 사교육 실태와 개선 방안: 조기외국어 교육 효과를 중심으로』. 육아정책연구소.
최정은·이병민·오선영·소영순(2022). 「2015 개정 영어과 교육과정의 성취 수준과 대학수학능력 영어 평가 수준의 일관성 문제」. 『영어평가』 17(1): 11-43.
Bae, Minryoung and Lee, Byungmin (2018). "Effects of Text Length and Question Type on Test-takers' Performance on Fill-in-the-blank Items in Korean CSAT." *English Teaching* 73(4): 149-174.
Dwek, Carol (2006). *Mindset: The New Psychology of Success*. Random House.
Ericsson, K. A. (2016). *Peak: Secrets from the New Science of Expertise*. HarperOne.
Ericsson, K. A., Krampe, R. T., and Tesch-Römer, C. (1993). "The Role of Deliberate Practice in the Acquisition of Expert Performance." *Psychological Review* 100(3): 363-406.
Ferman, S., Olshtain, E., Schechtman, E., and Karni, A. (2009). "The Acquisition of a Linguistic Skill by Adults: Procedural and Declarative Memory Interact in the Learning of an Artificial Morphological Rule." *Journal of Neurolinguistics* 22(4): 384-412.
Guoyi, X. and Nation, P. (1984). "A University Word List." *Language Learning and Communication* 3(2): 215-229.
Hart, Betty and Risley, Todd R. (1995). *Meaningful Differences in the Everyday Experience of Young American Children*. Paul H. Brookes.
Lee, Byungmin (2003). "The Pre-university English-educational Background of College Freshmen in a Foreign Language Program: A Tale of Diverse Private

Education and English Proficiency." *Asia Pacific Education Review* 11: 69-82.
Roy, Deb (2011). *The Birth of a Word*. TED Talk. https://www.ted.com/talks/deb_roy_the_birth_of_a_word.
University Word List. http://webhome.auburn.edu/~nunnath/engl6240/wlistuni.html
Wigfield, A., Tonks, S., and Klaud, S. (2009). "Expectancy-value Theory." In K. Wendzel and A. Wigfield (eds.), *Handbook of Motivation at School* (pp. 55-75). Routledge.